숫자 울렁증

32세 이승환 씨는 어떻게

재무제표
읽어주는 남자가

됐을까

숫자 울렁증
32세 이승환 씨는 어떻게
재무제표
읽어주는 남자가
됐을까

이승환 지음 · 최병철 감수

흐름출판

사칙연산만 알면
재무제표 읽을 수 있다

안녕하세요. 이 책의 저자 이승환입니다. 제목에서 이실직고한 대로 저는 숫자 울렁증이 심합니다. '문송(문과라서 죄송합니다)'한 독자 분들은 이해하시겠지만 저는 지금도 숫자 단위가 커지면 더하기, 빼기가 서툴러서 계산기 어플을 애용합니다. 학창시절 수학이 싫어서 문과를 선택했고, 사회에 나와서도 주로 숫자와 관련 없을 일을 해왔습니다. 회계 공부를 본격적으로 시작한 것도 서른이 훌쩍 넘어서입니다.

그런 제가 지금은 매일 출근길에 재무제표를 분석하고 이를 SNS를 통해 사람들과 나누고 있습니다. 회계 관련 글을 언론에 기고하고, 회계 관련 사건이나 정보를 기자들에게 설명하는 일을 합니다. '재무제표 읽어주는 남자'란 별명도 얻었습니다. 숫자라면 손사래부터 치던 제가 회계 공부에 몰입한 이유가 무엇일까요? 현실적인 고민 때문입니다. 바로 먹고사는 문제 말입니다.

저는 홍보를 업으로 살아왔습니다. 홍보맨은 자신이 몸담고 있는 조직의 좋은 일은 물론 나쁜 일까지도 알려야 합니다. 주로 언론사 기자를 상대하는 업무 특성상 소통과 관계가 중요하지 숫자, 회계, 재무제표는 관심 밖이었습니다. 하는 일은 달라도 대부분의 직장인들이 저와 비슷한 입장일 겁니다. 전표 처리야 회계 부서에서 알려주는 대로 작성하면 그만이고 사업계획을 짤 때 필요한 숫자들도 엄격한 회계 처리와는 거리가 있습니다. 간혹 실수를 하더라도 회계 담당자에게 불려가 잔소리를 좀 들으면 그만입니다.

제가 처음 회계 공부를 해볼까 마음먹은 건 직장생활 5년 차쯤이었습니다. 회사의 사업실적을 알기 쉽게 소개하는 보도 자료를 만들 때였는데, 성과를 뒷받침할 근거 자료로 재무성과 분석이 필요했지요. 재무제표에 나온 자료를 그대로 옮기자니 복잡하기만 하고 영 설득력이 떨어졌습니다. 그래서 저부터 이해해보자는 마음으로 회계 강의를 들었습니다. 솔직히 재미도, 효과도 없었습니다. 그 시간에 회화나 마케팅을 공부하거나 하다 못해 영화나 한 편 더 볼 걸 하는 생각이 들었죠. 결국 책값과 수업료만 날리고 두 손을 들고 말았습니다.

저는 회계사가 아닌데요!

그러던 제가 한국공인회계사회 홍보팀으로 이직했습니다. 한국공인회계사회는 우리나라 공인회계사라면 반드시 가입해야하는 법정단체이자, 회계와 관련한 법체계, 기준을 정할 때 중요한 목소리를 내는 기관입니다.

막상 입사하고 나니 예상하지 못했던 일이 벌어졌습니다. 홍보 담당자인 저에게 기자들이 회계 관련 사건사고는 물론이고 정책에 관해 질문을 하는 것 아니겠습니까. 제가 회계사도 아닌데 말입니다.

"○○회사 부채비율이 200%가 넘었다고 하던데 맞나요?"

"○○건설사의 미청구공사가 지난해 비해 늘어났다고 하는데 이유가 뭔가요?"

기자들뿐 아니라 지인들에게도 심심치 않게 질문이 들어왔습니다.

"○○조선 주식이 급등하던데 지금 사도 돼? 현금흐름에는 문제없어?"
"이번에 ○○전자에서 이직 제안을 받았는데, 그 회사 재무적으로 전망이 어때?"

질문의 주제는 회계 이론이 아니라 실제 회사의 재무 관련 정보와 해석에 관한 것이었습니다. 그러나 처음 들어보는 회사도 많았고, 회계 용어는 외계어처럼 낯설었습니다. 거기다 쏟아지는 숫자들. 처음에는 친한 회계사들을 붙잡고 물어봤습니다만, 회계사들의 답변이 질문보다 더 어려웠습니다. 신뢰와 소통을 생명으로 하는 홍보맨에게 위기가 아닐 수 없었습니다.

목마른 자가 우물을 파는 법. 퇴근하고 도서관에서 회계책을 뒤지고, 인터넷 강의도 듣고, 온통 한자어 투성이 회계 용어를 암기해가며 열심히 공부했습니다. 그런데 아무리 책을 봐도 쏟아지는 질문에 어느 것 하나 속 시원하게 답할 수 없었습니다. 이론과 실제는 다른 법이니까요. 퇴근하고 3~4시간, 주말을 회계 공부에 받쳤지만 가성비가 떨어져도 너무 떨어지더군요.

그렇게 지쳐갈 때쯤, 멘토로 모시던 어느 회계사분이 지나가듯 이런 말을 했습니다.

"회계 용어 외우지 말고 관심 있는 회사 재무제표부터 읽어봐요. 워런 버핏도 재무제표 읽고 투자하는 거야. 승환 씨는 그거면 충분해!"

목적이 있는 회계 공부

　그때부터 속는 셈 치고 공부법을 완전히 바꾸었습니다. 회계책은 참고용으로 활용하고 전자공시시스템(DART)에 들어가서 관심 있는 기업들의 재무제표를 찾아서 읽기 시작했습니다. 그리고 이렇게 스스로 질문을 던졌습니다.

　내가 투자를 한다면,
　내가 이직을 한다면,
　내가 창업을 한다면,
　이 기업을 선택할 것인가?

　목적을 두고 재무제표를 읽기 시작하자 숫자가 이야기를 들려주더군요. 그렇게 수천 장의 재무제표를 나의 필요에 따라 읽다보니 투자, 이직, 창업을 준비하는 일반인에게 꼭 필요한 회계 용어와 회계 지식을 골라낼 수 있게 됐습니다. 적게는 5분, 길어도 20분 안에 한 기업의 재무제표를 분석할 수 있는 툴(Tool)도 만들었습니다.

　저는 회계가 읽는 회계와 쓰는 회계로 나눌 수 있다고 생각합니다. 거칠게 정리하자면, 쓰는 회계는 회계사 또는 회계 업무 담당자들이 재무제표를 만드는 데 쓰는 방법을 말합니다.

　반면 읽는 회계는 재테크, 취업, 이직, 창업 등 자신의 '목적에 맞게' 재무제표를 읽는 법입니다. 이 책은 읽는 회계를 필요로 하는 분들의 눈높이 맞춰 구성한 회계 입문서입니다. 혹시 더 깊은 회계 공부법을 원한다면 다른 책을 선택해도 좋습니다.

　다만, 제가 소개하는 재무제표 읽는 법을 익히고 나면 누구라도 원하는 정보를 재무제표에서 빠르고 쉽게 얻을 수 있습니다. 복잡한 회계 공부에 질린 분들이나 재무제표 읽는 법을 단기간에 확실히 알고 싶다면 후회하지 않으실 겁니다.

이 책은 회계는 쉽고, 유용하며 재미있다는 점을 알리고 싶은 마음으로 썼습니다. 페이스북 '회계 아카데미', 브런치, 카카오톡 단톡방 '재무제표로 들려주는 기업 이야기' 등 다양한 온라인 공간에서 만난 분들과의 소통과 응원이 없었다면 집필이 불가능했습니다. 회계공부에 관심 있는 기자들과 〈기자회계 스터디〉를 만들어 강의와 스터디를 진행하고 이때의 인연으로 뜻이 있는 회계사들과 함께 매일경제에 '직장인들이여 회계하라'는 칼럼을 기획한 경험이 글쓰기의 밑천이 됐음을 밝혀둡니다.

마지막으로 저에게 재무제표의 중요성을 알려준 강대준, 구성섭, 박동흠, 배문호, 사경인, 손동춘, 이재용, 이재홍, 최병철 회계사님 감사합니다. 이 책의 곳곳에는 이분들에게 듣고 배운 내용이 포함되어 있습니다. 아울러 재무제표 읽기가 막힐 때마다 엉뚱한 질문에도 답해주신 손정환, 유창우, 임동준, 양안수, 김태경 회계사님 고맙습니다.

이 책이 나오기까지 끈질기게 필자를 북돋아 준 흐름출판 편집팀, 그리고 사랑하는 아내 배선영, 아들 정후와 은준에게 고마움을 전합니다.

2018년 가을 문턱에서
이승환

차례

머리말 · 사칙연산만 알면 재무제표 읽을 수 있다   —4

1부 – 워밍업
회계에 대한 오해와 진실

1강 · 도대체 회계가 뭐야
회계란? 나가고 들어오는 돈을 세는 것   —18
태초에 회계가 있었으니   —20
괴테가 찬양한 복식부기   —22
자본주의 언어   —25
Time out! 나라마다 회계 기준이 다른 이유   —27

2강 · 읽는 회계 vs. 쓰는 회계
작가와 독자는 다르다   —30
읽는 회계면 충분하다   —31
숫자 세기 : 재무제표 읽기 첫 걸음   —34
Time out! 워런 버핏의 투자 비밀   —38

3강 · 회계에 대한 불편한 진실
회계는 객관적인 정보다   —42
회계는 최신 재무 정보다   —44
회계는 팩트다   —48
Time out! 그리스 디폴트의 원인은 현금주의?   —52

4강 · 회계 정보의 보물창고, DART

전자공시시스템 DART를 아시나요   —54

DART 사용법   —56

Time out! 그 밖의 유용한 재무제표 사이트   —62

2부 – STEP1
재무제표 개념 잡기

5강 · 아리송한 회계 용어, 족보를 따져라

자산, 부채, 자본, 수익, 비용. 딱 5가지만 기억하자   —68

경제 기사가 술술 읽히는 회계 용어 바꿔 읽기   —70

실전! 회계 용어 바꿔 읽기   —72

6강 · 재무제표 4대 천왕

제표(諸表)란 무엇인가   —76

재무상태표, 기업의 건강검진표   —78

손익계산서, 얼마를 벌고 얼마를 남겼나   —79

현금흐름표, 돈이 제대로 돌고 있나   —81

주석, 숫자의 해석자   —82

Time out! '주석'만 볼 줄 알아도 정보량이 두 배 늘어난다   —88

3부 - STEP2
재무제표 이해하기

7강 • 회계는 자산으로 시작해 자산으로 끝난다

사람은 자산일까, 아닐까?   — 96
자산 = 부채 + 자본   — 101
부채와 자본의 '자산화'   — 104
사내유보금 논쟁   — 106

8강 • 좋은 부채와 나쁜 자본

좋은 부채도 있다   — 110
부채   — 111
자본   — 115
Time out! 영구채 논란 : 자본일까, 채무일까?   — 118

9강 • 회계어 절대로 외우지 마라

계정과목의 족보   — 122
계정과목 핵심 정리   — 126
회계 접두사를 알면 회계어가 쉽다   — 128
Time out! 무형자산 : 형태가 없는 자산   — 131

10강 • 재무제표는 연결되어 있음을 기억하라

재무제표, 어떻게 만들어지나?   — 134
센터는 재무상태, 좌현금우손익   — 135
재무상태와 손익의 인과관계   — 138
Time out! 타이어뱅크의 금호타이어 인수 논란   — 140

11강 • 손익계산서의 5가지 이익

이익이라고 다 같은 이익이 아니다   — 144

영업이익과 당기순이익을 구분하라   — 148

실전! 손익계산서 읽기 : 무학소주   — 149

Time out! 회계 똑똑이 노조위원장   — 152

12강 • 현금흐름표에 담긴 기업의 미래

사장님이 사랑하는 현금흐름표   — 156

3가지 현금흐름을 파악하라   — 157

현금흐름 8가지 패턴   — 159

실전! 현금흐름표 읽기 : 스타벅스코리아, 에코프로   — 161

Time out! 현금흐름은 이미 알고 있었다!   — 166

4부 – STEP3
재무제표 따라 읽기

13강 • 재무상태표와 손익은 함께 읽는다

재무상태표와 손익은 한 묶음   — 172

재무상태표, 손익 따라 읽기 체크포인트 10   — 173

실전! 재무제표 읽기 I : 유한크로락스, 스타일난다   — 180

14강 • 현금흐름표와 주석 읽기

현금흐름표 읽기 체크포인트 3   — 188

주석 읽기 체크포인트 5   — 190

주석 검색 활용하기   — 194

실전! 재무제표 읽기 II : 네오플, 비티씨코리아닷컴   — 195

15강 • 5분 만에 끝내는 재무제표 훑어보기

이것만은 확인하자! 재무제표 퀵 체크리스트 — 200

실전! 재무제표 읽기Ⅲ : 키이스트, 현대모비스와 현대글로비스 — 202

5부 - STEP4
나만의 재무제표 분석표 만들기

16강 • 재무제표 3단계 정리법

목적이 있는 재무제표 읽기 — 210

1단계 큰 숫자에 주목하라 — 211

2단계 주석 골라읽기 — 213

3단계 분석표 만들기 — 216

실전! 재무제표 3단계 정리법 : CJ헬로 — 219

Time out! 모뉴엘의 '주석'은 이미 고백하고 있었다 — 223

17강 • 나만의 재무제표 분석표

분석표를 만들기 전에 — 228

재무제표 분석표 만들기 — 230

실전! 재무제표 분석표 만들기 : SK하이닉스, 유진기업 — 232

18강 • 감사보고서도 잊지말자

놓치기 쉬운 그 이름, 감사보고서 — 238

감사의견 — 239

강조사항 — 240

부록·재무제표로 풀어보는 테마기업 20 — 245

1부

워밍업
회계에 대한
오해와 진실

회계 공부를 시작하신 여러분, 진심으로 환영합니다.

1강부터 4강은 재무제표 읽기에 대한 전반적인 이해를 돕기 위해 회계의 간략한 역사와 회계에 대한 상식과 오해를 소개합니다. 굳이 회계의 역사나 상식까지 알 필요가 있는가 하는 의문이 들지도 모릅니다. 그러나 1~4강을 읽고 나면 회계는 어렵다는 편견에서 탈출할 수 있습니다. 회계가 쉽게 느껴지면 그만큼 회계 공부도 쉬워지겠죠.

이 책은 회계를 크게 **쓰는 회계**와 **읽는 회계**로 구분합니다. 회계 정보를 만드는 과정을 쓰는 회계라고 한다면, 이미 만들어진 회계 정보를 읽고 해석하는 데 초점을 맞춘 것은 읽는 회계입니다.

2강에서는 쓰는 회계와 읽는 회계가 어떻게 다른지 알아보고, 읽는 회계의 장점과 그 효과를 살펴봅니다.

3강은 회계에 대한 오해와 편견을 알려드립니다. 우리는 회계 정보가 객관적이고 최신이며, 회계 정보의 숫자는 그대로 현금의 흐름을 보여준다고 믿습니다. 그런데 이는 회계를 어렵게 만드는 대표적인 오해입니다. 이런 오해에서 벗어나야 회계의 진짜 얼굴을 만날 수 있습니다.

4강은 회계 공부에 반드시 필요한 재무제표를 손쉽게, 그것도 무료로 구할 수 있는 금융감독원 전자공시시스템을 소개하고 이용방법을 알아봅니다.

1~4강을 통해 회계는 어렵고 복잡하다는 부담을 버리시면 좋겠습니다. 그럼 시작해 볼까요!

도대체
회계가 뭐야

세월이 정말 빠르다. 열심히 일하다 한 달에 한 번 월급을 받을 뿐인데, 시간을 잊게 만드는 마법에라도 걸린 것 같다. 1년만 버텨보자던 직장 생활이 어느새 3년째. 그동안 꿈을 찾아 하나둘 떠나고 자리를 지키고 있는 입사 동기는 그야말로 가뭄에 콩 나듯 보기 힘들 정도다. 그나마 친한 옆 팀 정 대리는 회사 생활이 만족스러운 듯하다. 요즘에는 주식으로 재미를 봐서 그런지 매일 싱글벙글이다. 그런데 나는? 여전히 팀에서 막내인데다, 모아둔 돈도 별로 없다. 어제는 회계팀에 전표를 갖다 주다가 김 과장에게 잔소리까지 들었다.

"이 대리, 직장 생활 몇 년 차인데 매번 똑같은 걸 틀려요? 이 건은 접대비가 아니라 복리후생비로 처리하라니까."

"(그게 그거지. 아니 그런 거 처리하라고 회계팀 있는 거 아냐?) 네, 주의하겠습니다."

우울한 마음에 그저께 퇴근길에 정 대리가 찍어준 H제약의 주가를 살펴보니 온통 빨간불이다. 아깝다. 살걸! 하지만 정 대리 말만 믿고 간신히 붓고 있는 적금을 깰 수는 없는 노릇이다. 점심 시간, 커피 한 잔을 들고 정 대리 옆으로 가본다.

"너 어떻게 알았어? 업무 시간에 딴 짓 하는 거 못 봤는데……."

"무슨 소리야?"

"H제약 말이야. 네 말대로 주가가 엄청 올랐더라고."

"재무제표 보고 알았지."

"재무제표? 재무제표하고 주가가 무슨 상관이야?"

"입사 동기님아, 회계 공부 좀 해라. 명색이 기획팀이면서 창피하지도 않냐? 하긴 네가 쓴 보고서를 보면 기본적인 숫자도 제대로 없더라."

회계 공부? 그러고 보니 '회계 잘한다'는 소문이 자자하던 옆 팀 최 대리는 얼마 전 높은 연봉을 받고 이직했다. 그런데 숫자만 봐도 눈이 핑핑 돌아가는데. 회계 공부를 꼭 해야 할까?

당신의 회계 지식은 어느 정도인가요? 간단한 레벨 테스트를 통해 알아봅시다. 다음 중 회계와 어울릴 것 같은 단어 5개를 찾아보세요.

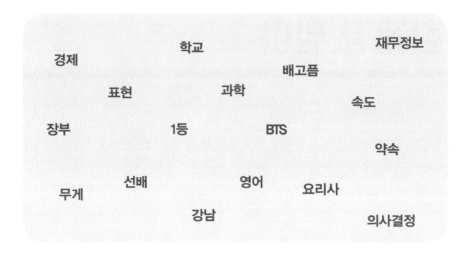

회계란? 나가고 들어오는 돈을 세는 것

위의 테스트에서 정답이 3개 이하라면 당신은 회계 초보입니다. 그렇다고 실망하실 필요는 없습니다. 어설프게 아는 것보다는 백지에서 시작하는 것이 더 좋을 수도 있습니다. 고정관념에 사로잡혀 있지 않기 때문에 배우는 속도가 더 빠를 수 있거든요. 저와 함께 강의를 차근차근 따라가다 보면 분명히 좋은 결과를 얻을 수 있습니다.

5개를 다 맞혔다면, 훌륭합니다. 그렇다고 자만하진 마세요. 회계 용어를 아는 것과 실제로 재무제표를 읽는 건 전혀 다른 일이니까요. 회계에 대한 기본 지식을 갖춘 당신에게 이 강의는 불필요한 회계 지식을 버리고 꼭 필요한 회계 정보만 기억하도록 꼭꼭 집어서 알려줄 겁니다.

모든 공부는 개념을 정확히 정의하는 것부터 시작해야 합니다. 회계가 무엇인지 그 정의부터 알아볼까요.

의외로 알고 나면 별것 아닌 개념을 어려운 단어로 기억하는 경우가 많습니다. 회계도 마찬가지입니다. 회계가 어렵게 느껴지는 이유는 상당 부분 용어 때문입니다. 회계에 대한 정의부터 만만치 않습니다. 대학교 교재로 사용되는 회계학 책에 실려 있는 회계의 정의는 다음과 같습니다.

회계는 회계 정보 이용자가 합리적 판단이나 의사결정을 할 수 있도록 기업 실체에 관한 유용한 경제적 정보를 식별 · 측정 · 전달하는 과정이다.
- 《FIRS 회계원리》, 송상엽

언뜻 보면 한 줄로 잘 정리되어 쉬워 보입니다. 그러나 단어 사이사이 행간에 복잡한 정보가 숨어 있습니다. 위의 정의로는 회계가 어떤 역할을 하는지 쉽게 이해하기 힘듭니다. 반면 국어사전에는 회계의 뜻이 직관적으로 설명되어 있습니다.

회계. 나가고 들어오는 돈을 따져서 셈을 함. 개인이나 기업 따위의 경제 활동 상황을 일정한 계산 방법으로 기록하고 정보화함.
- 《표준국어대사전》, 국립국어연구원

지금부터 복잡한 정의는 다 버리고, 회계란 나가고 들어오는 돈을 셈하는 것이라고 기억합시다. 이 한 줄이면 충분합니다. 정의가 쉬워야 공부가 만만해집니다.

태초에 회계가 있었으니

회계라고 하면 대부분의 사람이 어렵고 복잡하다고 말합니다. 정말로 회계는 어려운 것일까요? 회계의 시작이자 끝이라 할 수 있는 재무제표를 한번 봅시다. 전후 설명 없이 숫자가 가득합니다. 우리말로 쓰인 용어들도 대부분 한자어로 된 전문 용어입니다. 그래서 회계는 셈이 빠르거나 전문적인 교육을 받은 사람들의 고유 영역이라는 고정관념이 널리 퍼져 있습니다. 국어사전의 정의처럼 회계는 그저 드나드는 돈을 장부에 기록하고 셈한 것에 불과한데도 말입니다.

회계의 역사를 살펴보면 회계가 우리 생활과 얼마나 밀접하게 관계되어 있는지 알 수 있습니다. 회계의 역사는 곧 인류의 역사라고 해도 과언이 아닙니다. 그만큼 오랜 역사를 가지고 있지만, 장구한 세월에 비해 변화는 손에 꼽을 만큼 적습니다. 현재 남아 있는 가장 오래된 회계 기록은 메소포타미아 문명의 발원지로 유명한 중동 지역에서 발견된 점토판입니다.

채집과 사냥을 하며 떠돌던 인류는 농사를 짓기 시작하면서 한곳에 정착합니다. 농사를 지으면서 잉여 생산물이 생겨나고 소유의 개념이 탄생합니다. 내 것이 얼마나 되는지, 농작물과 가축의 숫자를 세고 기록할 필요가 생겨난 것이지요. 가진 수만큼 점토판에 그어놓은 빗금. 인류 최초의 장부는 그렇게 탄생했습니다.

점토판이 탄생한 순간을 상상해봅시다. 이런 대화가 오지 않았을까요?

"촌장님, 저희 마을은 올해 밀 100포대를 수확해서 50포대를 옆 마을의 양 20

마리와 바꿨습니다. 남은 게 50포대인데 이걸 빗금 쳐서 점토판에 새겨두었습니다."

"그래? 이렇게 표시해두니 정말 편하구나. 앞으로 너는 밭 갈지 말고 이일을 해라."

아마도 이런 과정을 거쳐 점토판을 만드는 일(장부 기록)을 전담하는 사람이 생겨났을 겁니다. 최초의 회계사가 탄생한 것이지요. 물론 현대의 회계는 이보다 훨씬 복잡하고 정교합니다. 그러나 이 이야기 속에 담긴 회계 원리와 그 뿌리는 크게 다르지 않습니다.

최초의 회계 기록인 메소포타미아

농산물의 생산과 거래를 기록한 쐐기문자 점토판

의 점토판에는 현대의 회계 장부처럼 경제활동의 필요성인 '이익 계산법'이 함축되어 있습니다. 한곳에 정착해 농사를 지으면서 잉여생산물이 생겨나자 이를 계산해서 기록할 필요가 생겨났습니다. 인간의 기억력에는 한계가 있으니 이를 빗금(숫자)으로 표시하면 매번 다시 확인할 필요가 없었지요. 게다가 잉여생산물을 생겨나면서 이를 판매하는 거래가 발생했습니다. 이에 따라 '나가고 들어오는(거래)' 수를 셈할 필요가 생겨납니다. 점점 더 생산 규모가 커지고 그에 따라 거래가 활발해지면서 장부가 발명됩니다. 장부는 기록한 사람뿐만 아니라 다른 사람들도 정보를 알아보기가 쉽습니다. 기록, 결산, 증빙 등 점토판의 작은 빗금 하나하나가 지금의 회계 장부와 같은 역할을 한 것이지요.

지금의 장부와 다른 점이 있다면 숫자와 화폐가 발명된 이후 빗금이 화폐 단위로 바뀌었다는 것뿐입니다. 이처럼 회계의 근원을 살펴보면 알 수 있듯, 회계는 일상적인 경제활동에 도움을 주기 위해 만들어진 생활 발명품입니다. 문자가 충분히 발달하지 않았던 고대인들도 척척 사용했던 회계를 우리가 어려워할 이유는 없습니다.

회계의 핵심은 간단합니다. 경제활동의 모든 행위를 누구나 인정하는 화폐 단위로 기록하는 것, 거래가 수십만 건이 발생해도 그 드나듦을 돈으로 환산해서 장부에 적는 과정이 회계입니다.

고대인들이 점토판을 필요했던 바로 그 이유 때문에 현대의 우리에게도 회계 장부가 필요합니다. 회계 장부 덕분에 우리는 얼마를 생산해서 얼마를 팔고 얼마가 남았는지 정확히 기록하고 다른 사람들과 공유할 수 있습니다.

괴테가 찬양한 복식부기

오랫동안 회계 장부의 형식은 '수입-지출＝잔액'을 적는 단순한 형태였습니다. 이를 회계 용어로는 단식부기(單式簿記)라고 합니다. 적는 칸이 하나인 장부 기록법이라서 단식(單式)이란 이름이 붙었지요. 어렵게 생각할 것 없습니다. 어릴 적에 한 번쯤은 써보았을 용돈기입장을 떠올리면 됩니다.

현대 기업에서 사용하는 회계 방식은 **복식부기(複式)**입니다. 복식부기란 수입, 지출, 잔액만 기록하는 단순한 장부가 개선된 형태라고 보면 됩니다.

복식부기는 14세기경 이탈리아 베네치아 상인들이 발명했습니다. 지금으로부터 대략 800년 전에 탄생한 복식부기가 현대에도 사용되고 있는 셈이죠. 왜 해양 도시 베네치아에서 복식부기가 탄생했는지는 그 사연을 알아보면 더 없이 흥미롭습니다. 유럽과 아시아를 잇는 해상 도시 베네치아 상인들은 배를 타고 멀리 장사를 떠나야 했습니다. 물론 걷거나 말을 타고 가까운 거리로 장사를 떠나는 사람들은 그전에도 있었습니다. 비교적 짧은 거리를 오가는 상인의 경우, 주머니 속에 남은 돈만 잘 관리하면 됩니다. 그런데 동서양을 넘나드느라 몇 년씩 걸리는 대단위 해상 상업무역이 발전하면서 새로운 형태의 장부가 필요해졌습니다. 출항할 때 배에 실은 물건이 무엇인지, 돌아올 때 싣고 온 물건은 무엇인지, 그리고 몇 년 후 예상되는 이익은 얼마인지 정확하게 기록해야 할 필요성이 제기되기 시작한 것입니다.

자본주(資本主)의 등장도 복식부기가 탄생하는 데 영향을 미쳤습니다. 자본주는 돈이나 물건을 맡기고 나중에 거래로 발생한 이익을 취하는 투자자를 말합니다. 자본주에게 돈을 투자받을 경우, 나중에 이익을 어떻게 나눠야 할지 기록할 필요가 있었습니다.

이처럼 장부에 기록해야 할 정보가 많아지면서 현금이 들고 나가는 것만 기록하는 단식부기 장부는 한계에 부딪칩니다. 현금이 바로 오가지 않는 외상 거래를 기록하는 것은 물론, 들어온 현금이 상품 판매 대금이 아니라 투자받은 자본주의 돈일 경우 이를 기록할 공간도 필요했습니다.

이렇듯 새로운 필요가 생기자 베네치아 상인들은 지금까지와 다른 장부 기록법을 고안하게 됩니다. 이것이 바로 복식부기의 시작입니다.

이탈리아의 수도승이자 수학자인 파치올리(Far Luca Pacioli)가 베네치아 상인의 장부 기록법을 이론으로 정리해 현재의 복식부기를 완성합니다. 재산 및 자본의 변동을 함께 기록하고 차변과 대변을 비교하는, 지금 우리가 사용하는 복식부기법이 마침내 탄생한 것이지요. 복식부기는 거래가 발생할 때마다 차변과 대변*을 동시에 적습니다. 이때 어느 항목을 차변에 적고, 어느 항목을 대변에 적을지 보다는 '장부기록의 오류를 찾아내는데' 주목합니다. 이것이 바로 복식부기의 장점

차변과 대변이란?
복식부기 장부의 두 개 칼럼을 차변과 대변이라고 한다. 왼편을 차변(Debit), 오른편을 대변(Credit)이라 한다. 차변과 대변이라는 명칭의 유래는 로마시대로 거슬러 올라간다. 주인이 노예에게 돈을 빌려주면 오른쪽(대변)에 기입한다. 돈을 대여해주었으니 대변이라 한다. 반대로 빌리는 사람은 왼쪽에 기입했는데 차입해온 것을 기록한다고 해서 차변이라고 했다. 이렇듯 주인이 재산 관리를 위임하기 위해 노예에게 재화를 공급하고 후일 재화를 회수하는 것을 기록하면서 생긴 명칭이다.

복식부기를 완성한 파치올리

입니다.

복식부기 장부의 왼쪽 칼럼은 차변(Debit)이라 해서 거래를 통해 들어오는 돈을 기록하는 계정입니다. 대변(Credit)은 반대로 나가는 돈을 기록하는 계정입니다. 조금 우습지만, 직설적으로 비유하자면 사람이 먹으면(차변) 반드시 화장실에 가야 하는 것(대변)과 같은 이치라고 할 수 있습니다. 차변과 대변은 동일한 거래를 두 번 기록해 장부의 합을 바로 검증할 수 있습니다.

복식부기는 장거리, 대규모, 장기간 거래를 하는 상인들에게 날개를 달아주었습니다. 또한 자본 거래자들이 합리적인 의사결정을 하는 데 도움을 주기도 했습니다. 복식부기로 작성된 회계 장부로 거래의 신뢰성이 높아지자 상업에 돈을 투자하는 자본주가 더 많이 생겨났고, 상업무역을 떠나는 이들이 더 많아졌습니다. 자본(돈)으로 이익을 낸다는 개념이 생겨나면서 자본주의는 한 단계 더 발전합니다.

복식부기를 두고 철학자 괴테(Johann Wolfgang von Goethe)는 "인류의 지혜가 낳은 가장 위대한 발명 중 하나"라고 말했습니다. 복식부기의 기능성과 편리성을 칭찬한 것이지요. 복식부기 덕분에 자본주의 경제질서와 합리주의 사고가 꽃피었다는 의견도 있습니다.

자본주의 언어

베네치아에서 만들어진 복식부기 회계 장부 기록법은 16~17세기 다른 유럽 국가와 미국으로 전파되어 초기 **주식회사**[*]에 적용됩니다. 이 무렵, 기업의 파산을 방지하고 채권자를 보호하기 위해 법적 제도가 막 생겨나기 시작합니다. 프랑스와 독일의 상법전이 대표적인 예입니다. 이 법에 회계 장부에 대한 최초의 법령이 등장합니다.

왜 국가가 회계를 정부의 법령으로 정하게 된 것일까요? 무역의 발달과 산업혁명의 영향으로 대량 생산 시설을 갖춘 덩치 큰 회사가 속속 등장합니다. 그러면서 기업을 살아 있는 생명체처럼 생각하자는 **계속기업**[*]의 개념이 생겨납니다. 이에 맞물려 상인과 회사의 필요에 따라 생겨난 회계 제도에 국가 차원의 규제가 개입하게 됩니다. 기업의 효율성과 투명성, 법적 규제가 더해지면서 마침내 기업회계가 사회제도로 자리 잡게 되는 것이지요.

기업회계가 등장하면서 회계는 눈부시게 발전합니다. 기업의 규모가 커지면서 생산과 판매 외에 동산, 부동산, 인력 등 관리해야 할 영역이 다양해집니다. 이에 따라 효율적으로 이익을 내기 위해서는 어느 영역보다 회계를 정교화해야 했습니다. 기업의 자산, 부채, 자본을 관리하고, 고정자산 가치평가와 감가상각 개념을 회계에 포함시킨 것도 바로 이때부터입니다.

이런 과정을 거치면서 회계는 단순히 이익을 계산하는 차원을 넘어 기업이 생산한 또는 생산할 상품의 원가를 측정하는 도구로까지 발전합니다. 또한 회계는 기업이 더 많은 이익을 내기 위해서 어떤 부분에 투자해야 할지, 어떤 제품의 생산을 중단해야 할지

> **주식회사**
>
> 일반적으로 회사 이름에 ㈜라는 표기가 있을 경우, 주식회사라고 한다. 주식회사는 회사를 세울 때 투자한 자본금 중 투자금의 비율에 따라 주주가 권리를 갖는 회사다. 유한회사, 합자회사 등 자본금 출자와 책임 여부에 따라 주식회사는 다양한 형태로 나뉜다.

> **계속기업**
>
> 투자원금을 회수하면 마무리되는 일회적 사업과 달리, 계속적인 재투자 과정을 통해 구매, 생산, 영업 등 기본 활동을 수행해나가는 기업을 말한다. 즉, 기업을 계속 존재하는 생명을 가진 조직체로 보는 것이다.

판단하는 근거로 사용되기 시작합니다. 기업 운영의 효율성 문제를 해결하는데
도 활용됐습니다. 근대 이전의 회계는 국가가 세금을 걷기 위해 존재했다면, 자
본주의와 시장경제가 발달하면서 회계는 '보이지 않는 손'의 도구로서 경제 질서
를 성장시키는 데 일조했습니다.

지금까지 회계의 정의와 역사에 대해 간략하게 짚어보았습니다.

기업의 현재와 미래, 시장의 흐름을 이해하기 위해서는 회계를 알아야 합니다.
회계가 기업, 특히 비즈니스 언어라고 불리는 이유는 바로 여기에 있습니다. 다
른 나라에 대해 제대로 알려면 그 나라의 언어를 배워야 하는 것처럼, 돈의 흐름,
기업의 실체를 이해하기 위해서는 회계 지식이 반드시 필요합니다.

나라마다 회계 기준이 다른 이유

한국회계 기준, 국제회계 기준, 중소기업회계 기준 등 경제신문을 읽다 보면 다양한 회계 기준을 접하게 됩니다. 사회적으로 파장이 큰 회계 사건에 대한 기사를 보면, 국제회계 기준(International Financial Reporting Standards, IFRS)이 어찌했다는 식의 내용을 자주 등장합니다. 이렇듯 대상에 따라, 경우에 따라 적용되는 회계 기준이 다르다니 혼란스럽습니다.

그러나 역사적으로 따져보면 회계 기준은 하나의 잣대로 통합이 이뤄지고 있습니다.

국가 간의 거래가 활발하기 전에는 나라마다 회계 기준이 달랐습니다. 그러나 무역과 자본의 이동이 잦아지자 가까운 거리거나 무역 거래가 활발한 국가와 기업 간에 회계 기준의 통일이 중요한 과제로 떠올랐습니다. 재무제표를 만드는 이유 중 하나가 기업들의 실적이나 경영 상황을 비교하거나 보여주기 위해서입니다. 길이를 측정할 때 누구는 센티미터를 사용하고 누구는 피트를 사용한다면 서로 키를 비교할 수 없겠지요. 경영 상태를 가장 효과적으로 검토하기 위해서는 어느 나라 기업이던 동일한 잣대의 회계 기준으로 기업을 설명할 필요가 있습니다.

오랜 시간이 흘러 작은 시냇물이 큰 강물로 모이듯 전 세계 회계 기준은 유럽을 중심으로 한 국제회계 기준위원회(International Accounting Standards Board, IASB)가 만든 국제회계 기준(IFRS)과 미국의 미국회계 기준(US-Generally Accepted Accounting Principles, US-GAAP) 두 가지로 굳어집니다.

그런데 2002년 미국에서 엘론과 월드콤 등 거대 기업의 회계 부정 사건이 터집니다. 이 사건을 계기로 미국재무회계 기준위원회(Financial Accounting Standards Board, FASB)도 IFRS를 도입하기로 결정합니다. 우리나라도 이런 흐름에 발맞춰 2011년부터 IFRS를 따르고 있습니다.

IFRS가 각 기업의 재정, 특성을 모두 반영하기에는 무리가 있습니다. 그래서 IFRS는 큰 원칙만 세워놓고, 세부 기준은 회계 전문가가 판단하는 원칙주의를 지향합니다. 그런데 이 세부 기준을 너무 자의적으로 해석하거나 적용하다보니 논란이 일기도 합니다.

어쨌든 회계 기준은 전 세계적으로 통일되어가고 있다는 점은 기억해 두길 바랍니다.

읽는 회계 vs. 쓰는 회계

"이 대리, 우리 회사 부모교육연구소 노 차장님 강의 들어봤어?"

"총각인 제가 뭐하러 학부모 대상 교육 강의를 듣습니까?"

"또 투덜거린다. 2층 대강당에서 한다니까 지금 가서 듣고 와. 도움이 될 거야."

100여 명이 빼곡히 앉아 있는 강당에선 세련미 넘치는 자주색 정장 차림의 노 차장이 열변을 토하고 있다.

"10여 년 전부터 우리나라 사교육 시장을 뒤흔들고 있는 키워드가 있습니다. 바로 자기주도학습법입니다. 지금도 유행하고 있는 말이지만 잠시 생각해보면 참 웃기는 말입니다. 자기주도학습이 무슨 뜻입니까? '공부는 스스로 하는 게 최고'라는 말입니다. 너무 당연한 말 아닌가요? 최근엔 뭐가 뜨고 있죠? 완공! 완벽한 공부법이 인기입니다. 자기주도학습이나 완공이나 핵심은 맞춤형 효율적 공부법이라고 할 수 있습니다. 핵심을 콕 집어 학습자의 시간을 줄여주자는 것이죠. 따지고 보면 우리도 다 아는 원리입니다. 문제는 그 방법이 우리 아이에게 맞는지 판단해야 한다는 것입니다. 학부모 여러분, 제발 공부법을 공부하지 마세요. 여러분의 자녀를 먼저 공부해야 합니다."

회계 공부를 하겠다는 나를 보고 회계팀 김 과장이 했던 조언이 갑자기 떠오른다.

"회계를 다 이해할 필요는 없어. 나의 필요에 맞춰 재무제표를 읽으면 돼!"

작가와 독자는 다르다

회계 전문가들이 들으면 웃을지도 모르지만, 회계는 쓰는 회계와 읽는 회계로 나눌 수 있습니다. 회계 지식을 어떻게 빨리 활용할지 고민하다가 필자 스스로 터득한 결론입니다.

쓰는 회계는 '회계 정보를 만드는 과정'에 중점을 둡니다. 회계는 모든 거래를 숫자로 바꾸어 기록합니다. 그런데 왜 하필 숫자일까요? 경제활동을 숫자로 변화시키면 돈의 흐름을 한눈에 파악할 수 있습니다. 기업회계는 기업의 돈 흐름 보고서라고 할 수 있습니다. 쓰는 회계는 재무보고서(재무제표)를 제대로 만들기 위해 어떻게 정보를 취합해야 할지 고민하는 과정이며 회계 실무자, 회계사 등 회계 전문가의 영역입니다. 그들의 노력의 결과물이 우리가 앞으로 살펴볼 재무제표에 담겨 있는 것이지요.

읽는 회계는 쓰는 회계의 결과물인 재무보고서, 즉 재무제표를 해석하는 데 초점을 맞춥니다. 회계 정보를 생산하는 과정을 과감하게 생략하고, 재무제표에서 내게 필요한 정보를 빨리 찾아내는 기술이라고 보면 됩니다.

읽는 회계는 필요로 하는 정보를 찾아 해석하고 확인하는 데 초점을 맞추기 때문에 복잡한 회계 처리 과정을 이해할 필요가 없습니다. 대신 숫자 뒤에 숨겨진 기업의 진짜 정보를 빠르게 읽어내기 위해 깊이보다는 넓게 읽는 연습이 중요합니다.

회계 정보의 어떤 면을 활용할지에 따라 정도의 차이는 있지만, 읽는 회계는 쓰는 회계에 비해 쉽게 배울 수 있습니다. 마치 책을 볼 때 작가가 될 것인가, 독자가 될 것인가 고민하는 것과 비슷합니다. 비유하자면 쓰는 회계는 작가의 영역, 읽는 회계는 독자의 영역이라고 할 수 있습니다.

회계 지식을 대외적으로 공인받는 가장 확실한 방법은 무엇일까요? 바로 회계사 자격증을 따는 것입니다. 회계사 자격을 취득하는 방법에 대한 책과 강의는 이미 시중에 많이 나와있습니다. 회계사 자격을 따려는 전문가 과정은 아니더라도 회계 정보를 생산하는 실무자를 위한 온오프라인 교육 과정과 관련 서적도 많습니다.

그런데 회계사나 회계 실무자가 되려는 사람들만 회계를 배워야 할까요? 아닙니다. (만약 그런 생각을 가지고 이 책을 펼치셨다면 지금 덮으셔도 됩니다.) 읽는 회계는 재테크, 취업, 이직, 승진을 준비하는 사람을 위한 것입니다. 돈의 흐름을 이해하기 위해 교양, 상식 차원에서 회계를 공부하려는 이들에게도 유용합니다.

안타깝게도 대부분의 회계 교육 프로그램, 교육기관, 전문 서적 등은 쓰는 회계에 치우쳐 있습니다. '장부를 만들기 위한', '회계 정보를 작성하기 위한', '회계 프로그램을 다루기 위한' 교육이 대부분입니다. 덕분에 읽는 회계를 목적으로 하는 사람들은 처음부터 질리게 마련입니다. 회계 정보를 분석하고 정보를 습득하려는 목적이라면 읽는 회계로 충분합니다.

운전을 배우겠다고 자동차를 만드는 데 필요한 부속을 모두 알아야 할 필요는 없습니다. 회계를 완벽하게 배워보겠다고 두꺼운 회계 실무 책자를 집어 들었다가는 제대로 시작하기도 전에 지쳐버리기 쉽습니다. 읽는 회계는 생산된 회계 자료를 정보로 이용하고 해석하는 데 초점을 맞춥니다. 일반인이라면 읽는 회계로 충분합니다.

읽는 회계면 충분하다

쓰는 회계에는 회계 정보를 생산하는 회계 순환 과정*에 관한 전체적인 이해가 필요합니다. 차변, 대변, 계정과목 등 세부 사항을 이해하고 거래 내용을 장부에 올바르게 기록하기 위해선 회계 원칙에 맞는 회계 순환

회계 순환 과정 (accounting cycle)
거래가 발생해 최종 보고서인 재무제표가 작성되기까지의 일련의 절차를 말한다. 발생한서 거래를 나눠 원장 장부에 기록하고 이를 자산, 부채, 자본 계정과목에 떼어서 재무상태표나 손익계산서로 정리하는 등 회계 정보를 만드는 기본적인 과정이다.

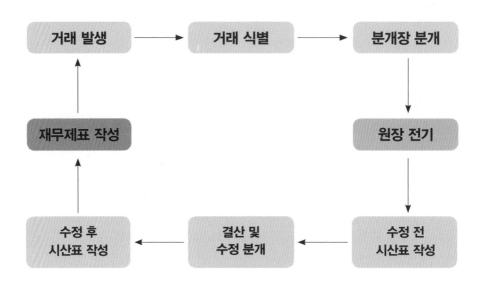

과정을 반드시 지켜야 합니다.

　회계 순환 과정은 거래 식별, 분개*, 분개장 기록, 원장 전기, 수정 전 시산표 작성, 결산 및 수정 분개, 수정 후 시산표 작성, 재무제표 작성으로 이뤄집니다. 기업이 재무제표를 작성하는 이 같은 과정은 계속 반복되기 때문에 이를 회계 순환 과정이라고 부릅니다.

　직장인이라면 누구나 전표, 지급 결의서 등을 한 번쯤은 작성해봤을 겁니다. 잘 모르고 지나쳤을 수도 있지만, 바로 이것이 거래를 식별하고 분개장에 '분개'하는 과정입니다. 이렇게 설명해도 자신이 회계 처리를 얼마나 자주 하는지 느낌이 잘 오지 않을 겁니다. 회계는 재무팀이나, 회계팀이 하는 일이고, 자신은 비용 청구만 한다는 생각이 강하기

분개
'화났다'는 의미가 아니다. 분개는 장부를 정확히 기록하기 위해, 거래의 여덟 가지 요소를 기준으로 잘게 쪼개는 것을 의미한다.

때문입니다.

그런데 이런 과정을 모른다고 해서 업무를 처리하는 데 문제가 생길까요? 전표 하나 작성하기 위해서 회계 처리 원리를 이해해야 할 필요는 없습니다. 회계팀이 아닌 이상 회계 처리에 수동적이 될 수밖에 없는 것은 당연합니다. 회사에서 아무리 회계가 중요하다고 강조하고, (공짜로라도) 가르쳐줄 테니 배우라고 권하고, 사내에 회계 교육 과정을 만들어도 인기가 없는 이유는 바로 여기 있습니다.

회계 처리 과정의 마지막 단계는 재무제표를 완성하는 것으로 끝납니다. 재무제표는 말 그대로 기업의 재무 상황을 담은 보고서입니다. 읽는 회계에선 재무제표를 효율적으로 읽는 법만을 다룹니다. 읽는 회계는 앞에 줄줄이 설명한 회계 처리 과정을 머릿속에서 모두 지우고, 최종 보고서인 재무제표를 읽고 해석하는 데 집중해도 충분합니다.

그럼 읽는 회계를 살짝 맛볼까요?

우선 재무제표 안에는 다양한 기업 정보가 담겨 있습니다. 예를 들어, 재무제표 중 하나인 재무상태표에는 해당 기업의 과거부터 지금까지의 역사가 숫자로 표현돼 있습니다. 손익계산서에는 지난해의 성과가 담겨 있습니다. 현금이 어떻게 쓰이고 있는지 알려주는 현금흐름표, 숫자의 속사정을 구체적으로 설명한 주석 등도 기업의 실체를 이해하는 데 중요한 단서가 됩니다(재무제표의 구성과 쉽게 읽는 법은 6강에서 다룹니다).

재무비율[*]을 볼 줄 안다면 기업 분석의 수준은 한 층 더 올라갑니다. 피터 린치(Peter Lynch)나 워런 버핏(Warren Buffett) 같은 투자 대가들의 취미가 재무제표 읽기라는 우스갯소리가 괜히 나온 게 아닙니다. 재무제표를 읽을 줄 알면 또한 이직과 취업, 사업계획 세우기 등 각자의 필요에 따라 기업을 자신의 눈으로 볼 수

재무비율
재무상태표나 손익계산서의 숫자를 이용해 만든 지표로 기업의 수익성, 성장성, 안정성, 활동성을 나타낸다. 예를 들어, 매출액 대비 영업이익의 비율인 영업이익률은 대표적인 수익성 지표다.

있게 됩니다. 경제 흐름이나 사업에 대한 아이디어, 통찰력을 얻을 수 있게 되는 것이지요.

　작가가 될지(쓰는 회계), 독자가 될지(읽는 회계) 분명히 결정하고 회계 공부를 시작합시다. 그래야 헤매지 않고 빠르게 회계 지식을 넓힐 수 있습니다. 회계 처리 과정을 다 이해하고 재무제표를 모조리 이해하려다 보면 벽에 부딪쳐 시작하기도 전에 좌절할 수 있습니다.

숫자 세기 : 재무제표 읽기 첫 걸음

　읽는 회계의 첫 단계는 숫자 세기입니다. "숫자를 못 세는 사람이 어디 있냐?" "사람 너무 무시하는 거 아니냐?"는 볼멘소리가 벌써부터 들려오는 것 같네요. 그런데 아십니까? 회계의 모든 과정은 숫자로 이뤄집니다. 여기서 숫자는 거래를 화폐가치로 환산한 것입니다. 너무 기초적인 이야기이지만, 이는 매우 중요한 사실입니다. 예를 들어, 200억 원짜리 강남역 앞 빌딩을 구입한다면, 장부에 '건물'이라고 적지 않습니다. 그 가치를 숫자로 '20,000,000,000'이라 기록하지요. 재무제표를 읽기 위해선 단위에 상관없이 빠른 속도로 숫자를 읽을 줄 알아야 합니다. 재무제표를 보면 알겠지만 단위가 원, 천 원, 백만 원으로 왔다갔다 합니다. 일반적으로 우리가 관심을 갖고 읽으려는 재무제표라면 규모가 어느 정도 되는 기업일 가능성이 큽니다. 이런 기업은 자산 규모가 수백억 원이 넘게 마련입니다. 기본 단위가 원, 천 원이라도 억 단위로 숫자를 바꾸어 읽는 법에 익숙해져야 합니다.

숫자 단위표	
숫자	**단위**
100,000,000	**일억**
1,000,000,000	**십억**
10,000,000,000	**백억**
100,000,000,000	**천억**
1,000,000,000,000	**일조**

기준이 원 단위일 경우에는 두 번째 쉼표의 맨 앞자리(100,000,000)가 '억'입니다.

기준이 천 원일 때는 첫 번째 쉼표의 맨 앞자리(100,000)가 '억'입니다.

기준이 백만 원일 때는 쉼표 없는 제일 앞 숫자가 바로 억 단위(100)입니다.

너무 쉬운 이야기가 아니냐며 웃을 수도 있습니다. 하지만 막상 숫자로 가득 차 있는 재무제표를 펼쳐놓고 보면 만만치가 않습니다. 영어를 처음 배울 때 알파벳을 소리 내 읽었듯, 회계 초보자라면 억 단위로 끊어 읽는 연습을 꼭 해야 합니다.

앞으로 살펴볼 장부, 재무제표는 보통 원 단위로 표기돼 있을 겁니다. 하지만 같은 재무제표 안에서도 단위가 오락가락 할 때가 많습니다. 재무상태표, 손익계산서, 현금흐름표 등 다양한 재무제표들과 주석을 동시에 봐야 할 때는 단위에 구애받지 않고 숫자를 읽는 데 익숙해야 합니다. 숫자를 읽는 연습이 되어 있지 않으면 재무제표를 읽는 속도가 현저히 떨어지고, 치명적인 오독을 할 수 있습니다.

너무 기본만 강조하는 것 아니냐고요? 회계에서 가장 많이 사용되는 수학 법칙이 무엇일까요? 바로 사칙연산입니다. 그것도 더하기, 빼기가 대부분이고 재무비율 때문에 나누기를 가끔 하는 정도입니다(물론 회계 정보를 기초로 한 기업가치 산정법에는 복잡한 산식과 어려운 통계, 확률적 기법이 사용됩니다. 하지만 이 또한 여러 가지 환경변수와 조건을 논리적으로 설명하기 위해 수학적 논리를 차용한 것입니다).

회계 정의를 무엇이라고 했지요? 그렇습니다. 회계는 '나가고 들어오는 돈을 따져서 셈하는 것'입니다. 경영 활동이 아무리 복잡하더라도 회계는 돈을 들어오는 대로 나가는 대로 더하고 빼서 그 가치만큼 기록할 뿐입니다.

아무리 큰 회사, 수백 개의 상품을 갖고 있고 오랜 업력을 가진 회사의 재무제표라 해도 눈으로 확인할 수 있는 건 숫자뿐입니다. 수천 번의 거래가 있더라도 거래의 마지막 합은 하나의 숫자로 표시됩니다. 사칙연상을 잘 하고 숫자만 잘 세도 회계 공부는 반 이상 먹고 들어갑니다.

단위에 맞춰 숫자를 억 단위로 바꿔 보자. 자리올림은 없다.

숫자	단위	몇 억?
325,956,666	원	
778,656,659	천 원	
222,666	백만 원	
23,652,111	천 원	
1,250,002,333	천 원	
789,356,985,266	원	
1,622	백만 원	
33,625,478,145	원	
9,852,456	천 원	
33,254	백만 원	

정답 : 3억 / 7,786억 / 2,226억 / 236억 / 16억 / 7,893억 / 1조 2,500억 / 336억 / 98억 / 332억

워런 버핏의 투자 비밀

'읽는 회계'로 성공한 대표적 인물이 있습니다. 바로 투자 하나로 전 세계 최고 부자 반열에 오른 워런 버핏입니다. 워런 버핏의 투자 기법에 관한 책은 우리나라에도 수십 종 출간돼 있습니다. 그런데 그가 직접 쓴 책은 한 권도 없습니다. 워런 버핏에 대한 책 중 그나마 믿을 만한 책으로 워런 버핏의 며느리인 메리 버핏과 데이비드 클라크가 공저한 《워런 버핏의 재무제표 활용법》을 꼽을 수 있습니다. 이 책을 추천해준 회계학 교수님의 설명이 기가 막힙니다. "설마 며느리가 집필하고 나서 시아버지한테 한번 안 보여줬겠어요?"

이 책의 핵심은 딱 한 줄로 요약됩니다.

대표적인 가치투자자인 월터 슐로스는 워런 버핏으로 하여금 수천 개에 달하는 회사의 재무제표를 읽게 함으로써 그가 저평가된 회사를 찾아내는 기법을 습득할 수 있게 해주었다.

주식투자자에게 재무제표를 읽는 효과가 얼마나 어마어마한지 알려주는 대목입니다. 투자를 너무나 잘해서 '오마하의 현인'이라고까지 불리는 워런 버핏은 읽는 회계의 대가입니다. 이 책의 나머지 부분은 읽는 회계의 유용성을 알려주기 위해 투자자의 관점에서 재무제표 읽는 법을 설명합니다. 특히 재무제표를 통해 '장기적인 경쟁 우위 기업'을 발굴하거나 그런 기업을 '판단하는 방법'을 찾는 법을 소개하니 회계 초보를 벗어난 주식 투자자는 한 번쯤 읽어보길 권합니다. 여기서 우리가 기억해야 할 부분은 워런 버핏도 재무제표를 읽는 것으로 투자를 시작했다는 점입니다.

회계에 대한
불편한 진실

〔텔레비전 뉴스의 한 장면〕

이곳은 2011년 서울시장 보궐선거 유세장입니다. 박원순, 나경원 후보 사이의 경합이 치열한데요. 지난 TV 토론회에서는 서울시의 빚, 부채 논쟁이 화재를 불러 일으켰습니다. 양측이 제시한 부채 규모와 계산하는 기준이 큰 차이를 보였기 때문입니다. TV 토론 이후 박원순 후보 측은 이렇게 논평했습니다. 들어보시죠.

"2007년 이후 정부 회계 기준은 복식부기입니다. 앞으로 갚아야 할 부채를 모두 합해 부채 규모를 제시했습니다."

양 후보 측이 회계 기준을 달리해 서울시의 부채를 계산한 것으로 인해 빚어진 해프닝이지만, 서울시의 재정 건전성에 대한 쟁점은 이후에도 확실히 세간의 눈길을 끌었습니다.

TV 뉴스를 한참 보던 이 대리가 묻는다.

"김 과장님, 우리 회사도 복식부기를 쓰나요?"

"회계 무식아! 기업 회계는 무조건 복식부기, 발생주의야! 회계 공부는 하고 있는 거지? 제발 좀!"

이번 강에서는 대표적으로 잘못 알려져 있는 회계 상식 세 가지를 알아보겠습니다. 이를 **회계적 오해**라고 부르겠습니다. 회계적 오해를 한 줄로 표현하면 이렇습니다.

회계 정보는 객관적이고, 최신 정보이며, 그 자체로 팩트다.

과연 그럴까요?

회계에 대한 3가지 오해

1. 회계는 객관적인 정보다.
2. 회계는 가장 최신의 재무 정보다.
3. 회계는 숫자 그대로 팩트를 담고 있다.

회계는 객관적인 정보다

우리는 회계 정보를 객관적인 데이터라고 생각합니다. 매년 정기적으로 공개(공시)되고 숫자로 일목요연하게 제공되기 때문입니다. 그래서 대부분 '회계=객관적'이라고 믿어버립니다. 이것이 바로 첫 번째 오해입니다. 회계 정보에는 정보 제공자인 기업의 '의도'가 담겨 있습니다.

일반적으로 기업은 자사의 경영 활동을 언론을 비롯한 다양한 홍보 채널을 통해 공개합니다. 신상품 출시, 주력 사업의 성공 등 긍정적인 정보는 적극적으로 알립니다. 반면 부정적인 정보는 가급적 줄이려고 합니다. 회계 정보에도 기업의 이런 의도가 은연중에 반영됩니다.

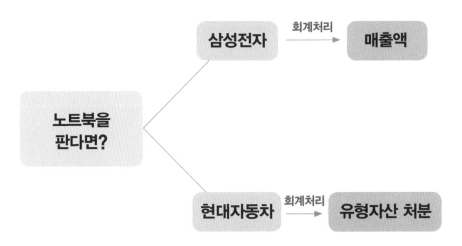

거래는 상대적 정보이다

노트북을 판다면?

삼성전자 —회계처리→ 매출액

현대자동차 —회계처리→ 유형자산 처분

　물론 회계 부정처럼 불법을 저지르지 않는 이상 재무제표의 숫자는 100% 팩트이지만, 이를 어떻게 '처리'하느냐에 따라 회계 정보에는 기업의 의도가 반영됩니다. 따라서 재무제표를 읽을 때는 행간을 깐깐하게 살펴야 합니다. 다시 한 번 강조하지만, 오해하진 마세요. 의도적으로 숨기거나 거짓 정보를 담았다는 뜻이 아닙니다(만약 그런 기업이 있다면 강력한 법적 처벌을 받게 됩니다). 회계 정보를 읽을 때는 기업에 정보 생산의 선택권이 있다는 사실을 잊지 말라는 뜻입니다.

　간단한 예를 들어봅시다. 삼성전자는 노트북을 판매합니다. 전자제품 생산 회사인 삼성전자가 노트북 판매로 벌어들인 돈은 매출이 됩니다. 당연히 회계 처리 시 매출액으로 장부에 기재합니다. 그런데 현대자동차가 노트북을 팔았다면 어떻게 기록할까요?

　자동차 회사인 현대자동차가 노트북을 팔았다면 오래된 사무용 비품을 매각 처리했을 가능성이 높습니다. 그렇기 때문에 장부에는 '유형자산 처분 손실(또는 이익)'이란 계정으로 잡습니다. 다시 말해, 동일한 거래(노트북 판매)라도 상황에 따라 회계 정보는 다르게 기록될 수 있습니다. 거래는 상대적입니다. 동일한 회사의 똑같은 거래조차 환경의 변화에 따라, 회사의 선택에 따라 달리 표현될 수 있습니다.

회계 정보는 객관적이지 않습니다. 오히려 '주관적인 판단이 개입된' 정보라고 생각해야 합니다.

회계는 최신 재무 정보다

우리는 회계 정보를 발표 시점의 재무 정보라고 믿습니다. 그런데 그렇지 않습니다.

기업이 발표하는 재무제표를 살펴보면 상장회사인 경우 3월 말 발표하는 사업보고서*, 5월 중순 발표하는 1분기 보고서, 8월 중순 발표하는 반기 보고서, 11월 중순 발표하는 3분기 보고서가 있습니다. 보통 이런 보고서를 정기공시라고 합니다. 정기공시된 각종 보고서에는 회사의 재무제표가 첨부되어야 합니다. 이해를 돕기 위해 삼성전자의 재무재표를 봅시다.

삼성전자의 2017년 감사보고서입니다. 보고서의 앞장을 살펴봅시다.

2017년 1월 1일부터 2017년 12월 31일까지의 감사보고서인데 발표 시점은 2018년 3월 말입니다. 매년 3월 말에 발표되는 재무제표는 전

사업보고서
우리나라의 주식회사 수는 55만 개 정도다. 이 중 덩치가 크거나(자산 규모 120억 원 이상), 파산하면 채권자(부채 70억 원 이상)나 노동자들이 피해를 많이 입을 것 같은 기업(종업원 수 300명 이상)은 특별히 재무제표에 대한 외부감사를 받아야 한다. 이런 기업들에 대해선 법으로 회계 정보가 포함된 감사보고서를 공개하도록 강제하고 있다. 그런데 이 중 주식시장에 상장한 기업, 주주가 500명 이상인 경우에는 감사보고서보다 더 자세한 사업보고서를 요구한다. 사업보고서에는 사업 현황, 연혁, 사업 개요, 임직원 현황 등 구체적인 내용이 담겨 있다.

삼성전자 2017년 감사보고서 표지

년도 12월 말까지의 회계 장부를 결산한 자료를 담고 있습니다(2018년 3월 31일은 토요일이라서 제출된 감사보고서는 4월 2일 공시되었습니다). 다시 말해, 2018년 3월 말에 발표된 재무 정보는 올해 3월이 기준 아니라 지난해인 2017년 12월 31일이 기준입니다. 작성 기준 시점과 발표 시점이 3개월 정도 시차가 있는 것이지요. 반기, 분기 보고서도 마찬가지입니다.

공시를 통해 재무제표가 공개되면 이해관계자와 시장이 반응을 보이기 시작합니다. 주식시장에 상장된 회사가 정기 공시를 통해 회계 정보를 발표하는 날이면 그날의 주가가 변동하게 마련입니다. 3개월 전인 지난해 12월까지의 매출액, 영업이익을 발표하는 것인데도 말입니다. 실제로 재무제표 공시를 통해 여러 회사의 실적이 한꺼번에 공개되는 매년 3월이면 국가 경제와 개별 회사에 대한 각종 전망과 뉴스들이 쏟아집니다. 마치 재무제표가 발표된 그날, 회사에 큰 변화가 있는 것 같은 착시 효과까지 생겨나지요. 그러나 '분기 최고 실적', '당기순이익 50% 상승' 같은 긍정적인 정보라 해도, 이는 모두 최소 3개월 전의 과거 정보입니다. 따지고 보면 지금이 아니라 과거에 일어난 일을 뜸 들였다가 발표하는 셈이죠.

물론 여기에는 그렇게 할 만한 합리적인 이유가 있습니다. 기업의 재무제표는 결산 과정과 외부감사, 주주총회를 거치면서 검증받고 확정되어야 외부에 공개할 수 있습니다. 그만큼 발표하기까지는 시간이 필요합니다.

회계 정보를 읽을 때는 결산과 결과 발표 사이에 시간 차이가 있음을 기억해야 합니다. 기업의 재무 정보는 그림자입니다. 관리회계*와 재무회계의 숫자가 왜 차이 나는지 알지 못하더라도 외부에 공개되는 회계 정보는 과거의 것이란 점을 꼭 기억해야 합니다. 회계 정보는 사업 개시일 이후 누적된 또는 지난 1년간의 과거 정보를 시차를 두고 발표하는 것이라는 사실도 잊지 말아야 합니다. 왜 이렇게 계속 강조하는지 의아할 수도 있습니다. 잠깐 다음 기사를 보시죠.

허술한 장부에 수천 억 사기 당한 은행

[중앙일보] 입력 2017.07.19 16:24 수정 2017.07.20 01:00 댓글 4면 지면보기▼

김도년 기자

Maplesemi
메이플세미컨덕터(주)

관세청은 메이플세미컨덕터의 4000억원대 무역범죄 혐의를 적발했다. [사진 메이플세미컨덕터]

국내 대형 시중은행은 물론 내로라하는 기관투자가들이 한 중소기업의 사기 행각에 깜빡 속았다. 관세청 조사로 구속이 이뤄졌지만, 이미 이 회사가 저지른 무역범죄(부당대출·밀수출·해외 불법 예금·허위 수출 등) 규모만 4000억원에 달한다. 18일 관세법과 특정경제범죄가중처벌 등에 관한 법률 위반 혐의로 구속된 반도체 제조업체 메이플세미컨덕터 얘기다.

반도체 중기 메이플세미컨덕터
수출·수입 '뺑뺑이 거래'로 돈 빼내
상장 차익 노린 기관투자자도 피해

이 회사는 0.5달러짜리 불량 웨이퍼 (반도체 제조에 쓰이는 실리콘 기판) 의 가격을 250~800달러로 부풀려 중국 기업 3곳에 팔고 국내의 또

〈중앙일보〉 2017년 7월 19일자 기사

한때 반도체 강소기업으로 불리던 메이플세미컨덕터는 이 회사가 2017년 4월 13일 발표한 재무제표 상으로는 전혀 문제를 찾을 수 없었습니다. 그러나 그 정보는 전년 말(2016년 1월 1일부터 12월 31일) 기준의 정보입니다. 2017년 1월 1일 이후에 발생한 손실과 경영상의 문제점은 3개월간의 시차가 있는 재무제표에는 당연히 표시되지 않았습니다. 그래서 이 회사가 건전하다는 내용의 재무제표를 발표한 지 불과 3개월 만에 회계부정 사건이 터져 대형 은행까지 피해를 입은 사건이 발생할 수 있었던 것입니다.

물론, 이 사건은 다소 극단적인 사례입니다. 하지만 3월에 발표되는 정기 공시는 기본적으로 전년의 자료를 모아놓은 과거의 정보임을 잊지 말아야 합니다. 이를 생각하지 않고 공시 자료를 최신 정보로 착각한다면, 정보를 해석하는 데 오류가 생길 수도 있습니다.

> **관리회계**
> 외부에 보고되는 자산, 부채, 자본, 수익, 비용 등의 회계적 수치(재무회계)와 달리 기업 내부에서 사용하는 회계지표는 따로 있다. 재무회계와 함께 회원 수, 매장별 매출 등 경영 관리를 위해서 따로 관리하는 지표를 관리회계라고 한다.

회계 Q

공시되는 각종 보고서는 작성일자와 공개일자에 차이가 있습니다. DART에 사업보고서, 분기보고서, 반기보고서가 공개되는 시기를 각각 연결해보시오.

① **사업보고서**(○○년 12월 말)   　A 매년 11월 중순~말경

② **1분기보고서**(○○년 3월 말)   　B 매년 5월 중순~말경

③ **반기보고서**(○○년 6월 말)   　C 매년 3월 말

④ **3분기보고서**(○○년 9월 말)   　D 매년 8월 중순~말경

정답 : ①→C, ②→B, ③→D, ④→A

회계는 팩트다

일상생활에서의 거래는 대부분 현금의 오고감을 기준으로 이뤄집니다. 예컨대, 물건을 사면 내 지갑에서 현금을 꺼내 대가를 지불하는 것이죠. 물론 요즘은 현금 거래 대신 은행, 카드사를 통해 비용을 지급하는 체크카드나 신용카드를 많이 사용하지요. 이 경우에도 기본적으로 쓴 비용만큼 개인의 은행 잔액에서 현금이 빠져나갑니다. 이를 회계 용어로 현금주의[*] 거래라고 합니다.

> **현금주의**
> 현금이 실제 오간 시점을 기준으로 회계처리하는 방식. 회수기준 또는 지급기준이라고도 하며 발생주의와 대비되는 개념이다.

재무제표를 읽을 때 현금주의 관점으로 접근하는 경우가 많습니다. 그러나 기업의 회계 정보는 용돈출납장처럼 '수입 - 지출 = 잔액' 논리로 작성되지 않습니다. 기업의 거래는 발생주의 관점에서 이뤄집니다. 발생주의는 거래가 실행되는 순간, 현금의 이동이 없더라도 장부에 기재하는 방식입니다.

기업의 경우, 외상 거래, 투자, 자금 회전 등 현재 발생한 거래 내역과 실제로 주고받는 현금 내역이 다를 때가 있습니다. 예를 들어 계약 시 총대금의 20%를 받고 3년 뒤 잔금 80%를 받는 계약이나, 상품 대금을 100% 먼저 받고 물건을 2년에 걸쳐 공급하는 식의 계약은 실제 현금흐름과 거래 사이에 시간 차이가 발생할 수밖에 없습니다. 이는 기업 거래에서 흔히 볼 수 있는 사례로, 이런 경우 손익을 정확히 계산하기 위해 거래가 발생하는 시점 기준으로 장부에 기록하는 발생주의가 탄생했습니다. 기업 회계를 발생주의로 처리해야 하는 이유를 예를 들어 설명해보겠습니다.

10년간 사용할 빵 공장을 짓는데 10억 원이 든다고 가정해봅시다. 현금주의로 장부를 기록하면 빵 공장을 설립한 첫 해에 10억 원의 지출이 기록됩니다. 그 뒤

10년 동안 빵 공장 건설 비용은 장부에 기록되지 않습니다.

이 경우를 발생주의에 따라 기록하면 실제로는 빵 공장을 짓는 첫해에 현금 10억 원의 지출이 발생하지만, 장부에는 이후 10년간 매년 1억 원씩 건설 비용을 나누어 기록합니다. 공장을 운영하는 10년 동안에 걸쳐 공장을 짓는데 들어간 비용을 나눠서 기록하는 것입니다. 장부만 보면 공장을 짓는 '거래'가 10년 내내 '발생'한 것처럼 보입니다. 현금은 첫 해 한꺼번에 10억 원이 지출됐는데 장부에는 왜 나눠서 적는 것일까요?

빵 공장 사장이 '빵 값'을 정하는 상황을 생각해봅시다. 현금 10억 원은 공장을 지을 때 지출됩니다. 하지만 이후 10년 동안 생산하는 빵 가격에 공장을 건축한 비용을 포함시켜야 빵의 원가를 정확히 계산할 수 있습니다. 매년 1억 원의 비용이 발생한다는 가정하에 장부를 작성해야 빵 값을 정할 수 있는 것이지요. 즉, 발생주의 회계로 기록해야 빵의 원가를 적절히 관리할 수 있습니다. 만약 중간에 공장을 수리하거나 확장한다면 계산은 더욱 복잡해집니다. 발생주의 회계의 탁월함은 이럴 때마다 빛을 발합니다.

만약 기업이 장수하는 히트 상품을 갖고 있다면, 매년 변화하는 경영 환경에 맞춰 원가를 계산해 이를 상품 가격에 반영해야 합니다. 현금주의 회계로는 적정한 원가를 산정해내기 어렵습니다.

세 번째 회계적 오해는 발생주의 숫자를 현금주의로 읽기 때문에 일어납니다. 대표적인 예가 영업이익입니다. 발생주의로 작성된 회계 정보의 숫자를 보고 현금이 실제 금고에 쌓여 있는 것으로 이해하면 안 됩니다.

어떤 회사가 100억 원의 영업이익을 냈다고 재무제표에 표기했다면 이를 보고, "영업을 정말 잘했나 봐"라고 할 수 있습니다. 하지만 "회사 금고에 100억 원이 있나 보다. 와! 대단하다"라고 말한다면 재무제표를 잘못 읽은 것입니다.

영업이익이라는 숫자 속에는 실제 보유하고 있는 현금뿐만 아니라 '회계적 숫자'도 포함됩니다. 다시 말해, 영업이익 100억 원은 실제 현금 100억 원이 아닐

현금 10억으로 공장을 건설했다면, 회계처리를 어떻게 해야 할까?

현금주의 vs. 발생주의

항목	수입	지출
공장 건설비용	xxx	10억 원
잔액		xxxx

항목	금액	항목	금액
자산(공장)	10억 원	현금	10억 원
합계	xxxx	합계	xxxx

1년차

항목	금액	항목	금액
공장 감가상각	1억 원	비용	1억 원
합계	xxxx	합계	xxxx

2년차

항목	금액	항목	금액
공장 감가상각	1억 원	비용	1억 원
합계	xxxx	합계	xxxx

공장 구매 첫 해
10억 원 지출
1회 기록

공장 구매 후
매년 1억 원씩 지출
10회 기록

수도 있습니다(아닐 확률이 훨씬 높습니다). 따라서 회사가 가진 실제 현금과 장부, 즉 재무제표의 숫자는 차이가 나게 마련입니다. 미국의 경영 컨설턴트 알프레드 라파포트(Alfred Rappaport)는 "현금은 사실(fact)이고, 이익은 의견(opinion)이다" 라고 했습니다. 장부에 기록된 숫자를 신뢰해야 하지만 실제 현금의 추이도 함께 살펴야 한다는 의미입니다. 다시 한 번 강조하지만, 회계 정보의 숫자를 숫자 그대로 팩트인 현금이라고 읽어서는 안 됩니다.

지금까지 세 가지 회계적 오해에 대해 알아보았습니다. 회계가 어려운 이유는 똑같은 숫자를 상황에 따라 다르게 해석해야 하기 때문입니다. 회계 정보는 주관적이고, 과거의 그림자이며, 발생주의로 표현됩니다. 이를 명심해야 숫자 속에 숨겨진 정보를 올바로 해독할 수 있습니다.

그리스 디폴트의 원인은 현금주의?

2015년 우리나라는 26개 국 31개 회계 단체가 참석한 국제 행사를 주최했습니다. 이때 방한한 올리비아 커틀리(Olivia Kirtley) 국제회계사연맹(International Federation of Accountants, IFAC) 회장이 언론과의 인터뷰에서 회계에 대해 의미 깊은 말을 남겼습니다.

"그리스 디폴트 사태도 따지고 보면 회계에서 비롯된 것입니다. 그리스는 복지 지출을 대폭 확대하면서 현금주의 회계로 처리해 국민들에게 앞으로 갚아야 할 총부채를 제대로 알리지 않았습니다."

커틀리 회장의 회계적 분석(?)을 이해하기 위해서는 발생주의와 현금주의가 무엇인지 알아야 합니다. 발생주의는 현금주의와 상반된 개념으로 현금 수수와 관계없이 수익은 실현됐을 때 인식하고, 비용은 발생했을 때 인식하는 개념입니다.

커틀리 회장이 말한 바의 요지는 그리스의 과도한 복지 지출은 미래의 세금 부담(비용 지출)으로 작용할 텐데 그리스 국가 회계 장부에 이것이 제대로 반영되지 않았다는 뜻입니다. 기업은 물론 정부나 사회단체들이 발생주의 회계 기준을 사용하는 이유가 바로 여기에 있습니다.

그리스는 현금주의 관점의 채무만 국가 장부에 올려서 국민들을 현혹했습니다. 이는 회계 전문가들이 지적하는 그리스 디폴트 사태의 대표적인 원인입니다. 회계에서 발생주의와 현금주의는 기본적인 지식이지만, 일반인은 이를 쉽게 구분하기 어렵습니다. 국민들의 회계 상식 부족이 국가 재정을 흔들 수 있을까요? 그리스를 보면 어느 정도 가능한 이야기 같습니다.

회계 정보의 보물창고, DART

"이 대리, 회사 다니는 즐거움이 뭔지 아나?"

"당연히 월급이죠."

"그건 '너님'이 열심히 일한 덕분에 얻는 당연한 결과지. 진정한 직장인은 모름지기 공짜로 쓸 수 있는 작고 작은 혜택에 고마워하고, 그걸 최대한 누릴 수 있어야 돼. 전화, 인터넷, 전기, A4용지, 심지어 형형색색의 볼펜까지. 알겠어?"

"에이."

"이 친구 봐라. 흔하다고 공짜라고 해서 가치가 없다고 생각하는 건 너무 안이한 거 아냐? 날마다 척척 주어지는 것들 속에서 특별한 걸 찾아낼 줄 알아야 무릇 진정한 직장인이야."

생각해보니 박 선배의 말처럼 업무적인 것 외에도 사무실에서 배우고 얻어가는 것이 무척 많다.

"뭘 그리 또 멍 때리고 생각하는 척해! 회사 전기 낭비하지 말고 퇴근 준비해. 야근은 일 못하는 사람들의 습관이야."

전자공시시스템 DART를 아시나요

웬만한 기업의 경영 활동 정보를 모두 모아놓은 곳이 있습니다. 그곳에서는 원하는 기업 정보를 24시간 언제든지 확인할 수 있습니다. 게다가 공짜입니다. 요즘 말로 이게 '실화'일까요? '레알'? 우리나라 금융감독원이 운영하는 전자공시시스템 DART가 바로 그 주인공입니다.

 http://dart.fss.or.kr

우리나라만큼 회계 지식을 습득하기 쉬운 나라는 없습니다. 이유는 단 하나, DART 덕분입니다. DART는 기업 재무 정보에 있어서 전 세계적인 '사기 캐릭터'라 할 수 있습니다. 누구나 인터넷을 통해 상장사는 물론 어느 정도 규모가 있는 기업의 회계 정보를 공짜로, 무한대로 볼 수 있습니다.

회계를 공부하기로 마음먹었다면, 무엇보다 DART와 친해져야 합니다. DART는 회계 공부를 하는데 두 가지 혜택을 줍니다. 하나, 실제 기업의 회계 정보를 교육 자료로 활용할 수 있습니다. 둘, 특정 기업의 과거 회계 정보와 동일 업종 기업의 회계 정보를 비교 공부할 수 있습니다.

금융감독원이 1999년에 개발한 DART는 상장법인 등 기업이 공시 서류를 인터넷에 제출하고, 이용자들이 인터넷을 통해 이를 조회할 수 있도록 한 시스템입니다.

기업의 회계 정보는 내부 정보인 관리회계와 외부 공개용인 재무회계로 나뉩니다. 기업이 회계 정보를 외부

> **외부감사란?**
> '주식회사의 외부감사에 관한 법률(외감법)'에 따라 자산총액 120억 원 이상인 주식회사, 자산총액 70억 원 이상인 주식회사 중 부채총액이 70억 원 이상이거나 종업원 수가 300명 이상인 주식회사, 상장사나 상장 예정 법인은 반드시 외부감사로부터 재무제표를 감사를 받아야 한다. 감사를 받은 재무제표를 첨부한 감사보고서만 DART에 공시된다.

에 공개하는 이유는 정부가 기업 외부감사와 재무제표 공개를 법적으로 의무화했기 때문입니다[*].

회계 정보를 공개하는 이유는 또 있습니다. 은행에서 대출을 받거나, 투자기관이나 개인과의 주식 거래를 통해 자본금을 확보하기 위해서입니다. 기업이 주식 시장에 주식을 상장하는 것을 기업공개(Initial Public Offering, IPO)라고 합니다. 타인의 자본을 빌리거나 투자를 받기 위해 "우리 회사를 공개합니다. 재무적으로 튼튼한 회사이니 투자해주세요"라며 자사의 회계 정보를 '형식에 맞춰' 제공하는 것이지요. 이 모든 정보를 DART에서 볼 수 있습니다. 기업은 이해관계자(투자자)에게 반드시 알려야 할 기업 재무 정보를 DART에 정기적으로 업데이트해야 합니다. 이를 정기공시라고 합니다. 그 외에 특별한 사항이 있을 때는 수시공시를 합니다.

DART는 정부 관련 사이트이고 주로 회계 정보를 다루다 보니 그 형태가 다소 딱딱한 편입니다. 그러나 내용에 있어선 메인 화면에 걸린 슬로건에 손색이 없을 정도로 알찬 정보를 담고 있습니다.

DART 사용법

DART에서 재무제표 찾는 방법을 알아봅시다.

먼저 메인 화면(http://dart.fss.or.kr)에 접속한 후 상단에 있는 검색창을 봅니다.

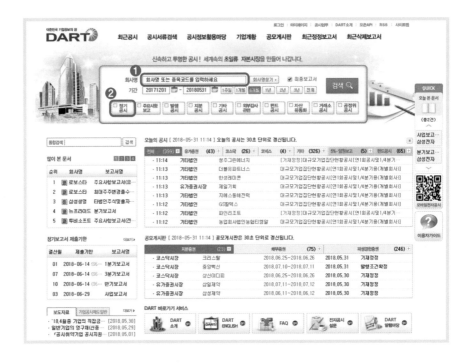

①검색 방법은 두 가지가 있습니다. 회사명 또는 종목 코드를 이용하면 됩니다. 종목 코드란, 주식시장에 상장할 때 발급받는 코드를 말합니다. 그런데 한 가지 주의할 게 있습니. 편의점 CU와 BGF리테일처럼 알려진 회사명과 공식 명칭이 다른 경우도 있습니다. 상장사의 경우, 종목 코드는 포털 사이트의 증권 정보를 통해 확인할 수 있습니다.

②DART에서 제공하는 보고서는 정기공시, 주요사항보고, 발생공시, 지분공시, 기타공시, 외부감사관련, 펀드공시, 자산유동화, 거래소공시, 공정위공시 등

다양합니다. 각 보고서를 선택하면 상세한 내용을 자세히 살펴볼 수 있습니다. 읽는 회계에서는 정기공시만 이용해도 충분합니다.

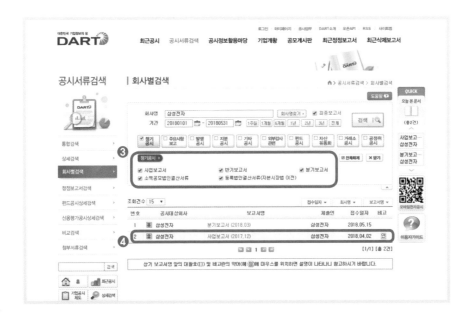

③ 정기 공시를 선택하면 사업보고서, 반기보고서, 분기보고서를 선택할 수 있습니다. 각 보고서에는 회계 정보뿐만 아니라 경영 환경에 대한 포괄적인 정보도 함께 담겨 있습니다. 회계 정보만 찾아보고 싶으면 각 보고서에 첨부된 감사보고서를 보면 됩니다. 감사보고서에는 항상 기업 재무제표가 첨부되어 있습니다.

여기서 잠깐. 당연한 이야기입니다만, 감사보고서는 '재무제표에 대한' 감사보고서입니다. 우리는 이 감사보고서에 익숙해져야 합니다. 회계 공부에 필요한 대부분의 정보가 이 안에 담겨 있기 때문입니다(기간 조건 없이 검색하면 최근 순서대로 열람 가능합니다).

④ 상장사의 경우, 사업보고서에 감사보고서가 첨부되어 있습니다. 2018년 4월 2일 발행된 사업보고서를 클릭해봅시다.

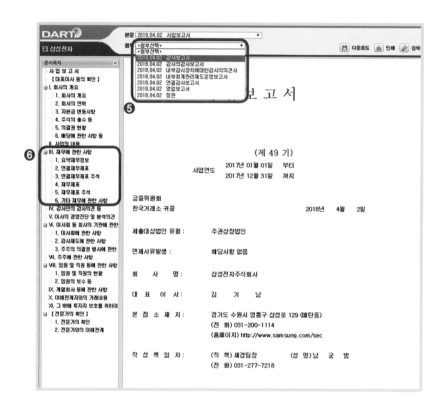

　⑤ 새 창에 사업보고서가 뜹니다. '첨부' 창을 보면 감사보고서, 내부회계제도
운영보고서, 연결감사보고서, 영업보고서, 정관 등이 나옵니다.

　일일이 살펴보면 도움이 되는 정보이지만 우리에게 필요한 건 뭐라고 했지요?
그렇습니다. 감사보고서입니다. 감사보고서 안에 우리가 찾던 ⑥ 재무제표가 있
습니다.

　처음에는 낯설겠지만 몇 번 검색해보면 회계 정보 외에도 은근히 쓸 만한 자
료가 많다는 걸 알게 될 겁니다. 감사보고서뿐만 아니라 대부분의 보고서는 PDF
나 엑셀 형태로 내려받을 수 있습니다.

DART에서 원하는 기업의 재무제표를 검색하는 법을 알아보았습니다. 앞으로 이 강의에서 언급될 재무제표는 앞서 소개한 방법으로 검색할 수 있습니다. 꼭 회계 공부를 할 목적이 아니더라도 직장인이라면 자신이 다니는 회사, 투자자라면 자신이 투자하고 싶은 회사, 구직자라면 자신이 취업하려는 회사의 공시* 자료를 찾아보길 권합니다. 회사의 다른 모습을 알 수 있을 겁니다. 관심 가는 회사의 감사보고서에 포함된 재무제표를 중심으로 공부한다면 재미있게 읽는 회계를 정복할 수 있을 겁니다.

공시

사업 내용이나 재무 상황, 영업실적 등 기업의 내용을 투자자 등 이해관계자에게 알리는 제도로, 주식시장에서 주가와 거래에 영향을 줄 수 있는 중요 사항에 관한 기업정보를 공개 대상으로 한다. 공시 자료에는 사업 내용이나 재무 사항 및 영업실적 등이 포함된다. 또한 경영진 교체나 자본의 변동, 신기술 개발, 새 사업 진출 등도 반드시 공시해야 한다.

DART의 검색 기능을 활용하면 주식투자자도 여러 가지 이점을 얻을 수 있습니다. 상장사에 대한 각종 정보뿐만 아니라, 상세검색을 활용할 수 있는 팁도 있습니다. ⑦ 보고서명 검색창에 현저한 시황이라고 넣고 검색하면 최근 주가 변동이 심한 기업의 공시자료가 필터링돼 주가 급등에 관한 조회공시 요구에 대한 기업의 답변을 확인할 수 있습니다.

처음에는 어려운 용어가 많아서 감사보고서를 읽는 게 만만치 않을 겁니다. 그러나 감사보고서는 대개 정해진 형식을 따르기 때문에 대부분 비슷한 문구와 표현으로 작성됩니다. 이런 형식에 익숙해지면 속독도 가능해집니다. 숙달되고 나면 200쪽이 넘는 재무제표도 20분이면 읽을 수 있습니다.

다음은 DART에서 찾은 ㈜대창단조의 사업보고서 중 일부입니다. 사업보고서 첫 페이지를 보면 아래와 같이 제○○ (당)기라는 표기가 있습니다. 회사 설립일부터 지금까지 사업을 운영해온 연도를 대략 추정할 수 있습니다. 2016년 현재 ㈜대창단조는 36년 이상된 회사입니다.

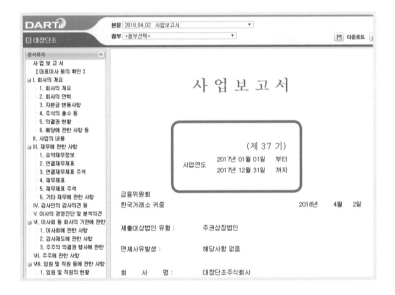

DART에서 한국전력공사, 대구은행, 하이트진로, 유한양행 4개 기업의 사업보고서를 찾아보고 오래된 순서대로 올바르게 나열된 것을 고르세요.(2016년 기준)

① 유한양행 → 하이트진로 → 대구은행 → 한국전력공사

② 유한양행 → 한국전력공사 → 대구은행 → 하이트진로

③ 한국전력공사 → 유한양행 → 하이트진로 → 대구은행

④ 대구은행 → 하이트진로 → 유한양행 → 한국전력공사

[정답] 1번 유한양행 → 하이트진로 → 대구은행 → 한국전력공사

그 밖의 유용한 재무제표 사이트

DART 외에도 기업 재무제표를 제공하는 홈페이지는 여러 곳 있습니다. 그러나 대부분 유료이고, 주식 투자자에게 맞춰 재무적 수치를 가공한 정보를 제공합니다. 이런 곳의 정보는 대개 해당 기업에서 개별적으로 자료를 제공받거나, 공시된 재무제표를 근거로 합니다. 결론적으로 DART의 재무제표가 가장 믿을만한 원천정보라 하겠습니다.

DART 외에 가독성이 높고, 추가 정보를 무료로 제공하는 사이트를 참고로 소개합니다. 먼저 네이버, 다음 등 인터넷 포털 사이트의 증권 사이트를 들 수 있습니다. '재무분석', '업종분석' 등을 찾아보면 재무제표를 요약한 자료를 얻을 수 있습니다. 연관된 기업분석 보고서 등도 볼 수 있습니다.

DART와 별개로 상장 회사의 공시정보를 다루는 사이트로 한국거래소가 운영하는 기업공시채널 KIND가 있습니다. 상장회사의 경우, DART 외에 KIND를 활용하면 재무제표뿐만 아니라 상장회사의 주요 공시 정보를 얻을 수 있습니다. 특히 KIND의 '회사별 재무통계'는 비교하고 싶은 회사의 재무제표 숫자를 엑셀로 정리해줍니다. 경쟁사 간의 비교 또는 업종별 재무제표의 특징을 파악할 때 꽤나 유용합니다.

전문가와 비전문가의 차이는 원본 데이터를 직접 확인하는지 여부에서 갈립니다. 재무제표를 가공한 각종 자료를 참고해 다양한 시각을 갖는 것도 중요하지만, 가급적 재무제표에 나온 숫자를 그대로 확인하는 습관을 들일 필요가 있습니다. 조금 더디지만 회계 초보자가 스스로 실력을 키우기 위해선 꼭 필요한 습관입니다.

○ 대한민국 대표 기업공시채널 KIND
  http://kind.krx.co.kr/

○ 상장회사 기업정보 한국상장회사협의회
  www.klca.or.kr

○ 에프앤가이드 상장기업분석
  http://comp.fnguide.com/

○ 공공기관 경영정보공개 시스템 알리오
  http://www.alio.go.kr/

2부

STEP 1
재무제표 개념 잡기

루빅큐브를 아십니까? 정육면체의 여섯 면을 각각 한 가지 색깔로 다 맞춰야 하는 놀잇감입니다. 이게 생각보다 쉽지 않습니다. 일종의 공식을 모르면 두 면 이상 맞추기가 어렵습니다.

그런데 공식을 몰라도 맞출 수 있는 손쉬운 방법이 있다는 거 아시나요?

루빅큐브를 조각조각 해체한 다음 색깔별로 끼워 맞추면 됩니다.

그게 무슨 방법이냐고 어이없어 할 수도 있지만, 살다 보면 이렇듯 변칙이 필요한 경우도 있습니다. 콜럼버스의 달걀처럼 말입니다.

회계 공부도 마찬가지입니다. 처음 회계책을 펼치면 일상생활에서 잘 쓰지 않는 한자어로 된 회계 용어와 복잡한 재무제표 때문에 질려버리기 쉽습니다. 그런데 꼭 이 모든 걸 다 알아야 할까요? 그렇지 않습니다. 핵심만 알면 됩니다.

5강과 6강에서는 회계 용어 중 가장 중요한 다섯 개 용어와 재무제표의 필수 구성 요소인 재무상태표, 손익계산서, 현금흐름표, 주석의 의미를 살펴보겠습니다. 이것만 알아도 재무제표를 읽을 수 있냐고요? 충분합니다.

아리송한 회계 용어, 족보를 따져라

"박 선배, 회계팀 김 과장님이 아무리 쉽다고 말씀해도 회계는 어렵기만 해요. 아무리 재무제표를 읽어도 머리에 남는 게 없다니까요. 회계 용어는 완전 외계어 같아요."

"나도 처음엔 그랬어. 그런데 자꾸 보니까 재무제표에 있는 숫자가 이야기를 하더라고. 회계 용어는 눈에 보이지 않는 반대 면을 보려는 시각으로 바라봐야 돼. 예를 들어, 사훈처럼 말이야."

"사훈요? 그건 또 무슨 말씀이세요. 사훈하고 회계가 무슨 관계가 있나요?"

"흔히 삼성은 관리, 현대는 도전, 엘지는 인화라고 하지? 그런 말들이 지금은 그 회사를 상징하는 대명사로 통하지만 처음부터 그랬을까? 어쩌면 창업주가 자기 회사에서 부족하다고 느끼거나 필요하다고 생각한 부분이 아니었을까? 아무런 기술도 자본도 없는 상태에서 맨주먹으로 회사를 키울 때 직원들이 얼마나 반대했겠어. 부족한 도전 정신을 가지라는 뜻에서 그런 사훈을 정한 게 아닐까?"

"그래서요?"

"회계 용어를 그냥 무조건 외우려고 들지 말고 뒤집어서 생각해보라는 거야. 이 용어가 왜 필요한지, 어떤 순서로 만들어졌는지 살펴보란 거지."

자산·부채·자본·수익·비용, 딱 5가지만 기억하자

회계가 시작부터 턱턱 막히는 이유는 단기금융상품, 이연법인세자산, 당기법인세부채 등 생소한 용어 탓이 큽니다. 재무제표 중에서 그나마 문장으로 작성된 주석도 온통 딱딱한 단어와 표현으로 가득합니다.

아래는 2017년 카카오 재무제표의 주석 중 일부분입니다.

> **(8) 영업권**
>
> 1) 영업권은 무형자산에 포함되어 있으며, 회사의 사업결합 거래 시 사업결합에 대한 이전대가의 공정가치가 취득한 식별 가능한 순자산의 공정가치를 초과하는 금액으로 측정됩니다. 또한, 이전대가의 공정가치가 취득한 순자산의 공정가치보다 작다면, 그 차액은 당기이익으로 인식합니다.

대체 어느 나라 말인가요? 일상생활에서 좀처럼 쓰지 않는 한자어가 가득합니다. 이걸 어찌 다 이해하면서 읽어야 할지 막막하기만 합니다. 그런데 말입니다. 지름길이 있습니다. 회계 용어의 분류 체계를 알고 나면 암호 같은 문장도 의외로 쉽게 이해됩니다.

차근차근 큰 개념부터 순서대로 내려가봅시다. 핵심 용어를 먼저 정확히 이해하고 나머지는 그때그때 사전 찾듯 찾아보면 됩니다. 회계사가 될 게 아니라면 굳이 영어 단어 외우듯 모든 회계 용어를 암기할 필요는 없습니다.

가장 기본적인 회계 용어인 자산, 부채, 자본, 수익, 비용의 뜻 정도는 알고 있어야 합니다. 모든 회계 용어는 이 다섯 가지 범주로 나눠지기 때문입니다. 다섯 가지 대분류가 있다고 생각하면 됩니다. 이연법인세, 금융자산, 비지배지분, 반품충당부채 등 회계 용어 하나하나의 정의를 아는 것보다 어느 대분류에 속하는지 감을 잡는 게 중요합니다.

자산, 부채, 자본, 수익, 비용이 무엇인지 정리하면 아래와 같습니다.

자산. 과거의 거래나 사건의 결과로, 현재 기업 실체에 의해 지배되고 미래에 경제적 효익을 창출할 것으로 기대되는 자원.

부채. 과거의 거래나 사건의 결과로, 현재 기업 실체가 부담하고 있고 미래에 자원의 유출 또는 사용이 예상되는 의무.

자본. 재화와 용역을 생산하거나 효용을 높이는 데 드는 가치 있는 밑천.

수익. 기업 실체의 경영 활동과 관련된 재화의 판매 또는 용역의 제공 등에 대한 대가로 발생하는 자산의 유입 또는 부채의 감소.

비용. 기업 실체의 경영 활동과 관련된 재화의 판매 또는 용역의 제공 등에 따라 발생하는 자산의 유출이나 사용 또는 부채의 증가.

더 쉽게 풀어보면 아래와 같습니다.

자산은 앞으로 팔아서 돈이 될 자원

부채는 남에게 빌려 온 '빚'

자본은 기업 스스로 출자한 '내 돈'

수익은 벌어들이는 모든 것, 거둬들이는 '수입의 총합'(예를 들어, 제조업의 경우 상품이나 제품의 매출액)

비용은 경영 활동을 위해 사용되는 모든 자원

경제 기사가 술술 읽히는 회계 용어 바꿔 읽기

> 국내 30대 그룹에서 자본잠식 및 <u>부채비율이 200%를 넘어 재무 위험수위</u>에 놓인 계열사가 25%가 넘는다.
>
> 4일 재벌닷컴에 따르면 자산 상위 30대 그룹 소속 1255개 계열사의 별도 감사보고서상 지난해 말 기준으로 자본잠식 상태이거나 부채비율 200%를 초과한 부실 계열사는 모두 324개사(전체의 25.8%)다. <u>부실기업은 부채가 자산보다 많은 자본잠식</u> 상태인 곳과 금융과 보험회사를 제외하고 부채비율이 200%가 넘는 곳이다.
>
> 《스포츠월드》 2017년 6월 24일자 기사

위 기사의 요지는 '30대 그룹 부채비율 200% 초과'라는 말로 요약할 수 있습니다. 이 기사를 앞서 설명한 다섯 가지 회계 용어의 쉬운 정의로 풀어보면 이해하기가 좀 더 쉬워집니다.

30대 그룹은 남의 돈(부채)이 내 돈(자본)보다 두 배 이상(200%) 많아 재무적으로 문제가 되고 위험하다. 특히 부실기업은 빚(부채)이 내가 팔아서 돈으로 만들 수 있는 자원(자산)보다 많고, 그 정도가 내 돈(자본) 수준을 넘어서서 더욱 위험하다.

수익과 비용에 관해 다룬 기사도 쉬운 표현으로 바꾸어봅시다.

> 올 2분기 국내 백화점 사업의 영업이익은 610억 원으로 1110억 원을 기록한 전년 동기에 비해 45% 급강해 반토막이 났다. 같은 기간 동안 매출은 5.3% 소폭 줄었지만 영업이익이 대폭 감소하면서 수익성이 약화됐다.

OO쇼핑의 백화점 사업은 내수시장에서 높은 점유율을 차지하며 OO쇼핑의 현금창출원 역할을 해왔다. 국내 백화점에서 벌어들인 돈을 대형마트와 해외사업에 투자해온 것이다. 이에 백화점 사업의 수익성이 나빠지면 OO쇼핑이 운영하는 유통사업 전반의 투자 전망이 어두워질 수밖에 없다. (중략) OO쇼핑 측은 손익 개선 대책을 마련한다는 입장이다. 백화점은 투자심의위원회를 강화해 비용 효율화를 진행한다. 온라인 프로모션과 사은행사 등 효율적인 비용 지출에 더해 증축이나 리뉴얼 등 투자 집행 전의 심의 역시 강화한다는 것이다.

《해럴드경제》 2017년 8월 1일자 기사 중에서

기사에서 강조한 부분을 다르게 표현해볼까요? '더 많이 벌어야 하는데(수익) 우선은 그게 힘드니 쓰는 비용을 간간하게 심사해서 사용할 계획'이란 의미입니다.

대표적 회계 용어 다섯 개의 개념만 확실히 알아도 웬만한 경제 기사를 어렵지 않게 이해할 수 있습니다. 어려운 개념을 쉬운 표현으로 바꾸어보면 맥락을 파악하기가 쉬워집니다. 물론 모든 회계 용어를 쉽게 풀이할 수는 없습니다. 하지만 큰 틀에서 볼 때 모든 회계 용어가 구조적으로 엮여 있다는 점을 기억합시다. 예를 들어, 수익에 관련된 회계 용어는 기본적으로 '벌어들이는 모든 것'에 관련된 이야기입니다. 부채에 관련된 회계 용어는 아무리 복잡한 단어라도 결국 '남에게 돌려줘야 할 빚'을 말합니다.

자산, 부채, 자본, 수익, 비용 다섯 가지 회계 용어는 회계에서 기본 중 기본이 되는 대분류 항목입니다. 뒤에서 회계 용어의 분류 체계를 좀 더 자세히 다루겠습니다. 지금은 이 다섯 개의 회계 용어 아래 세분화된 회계 용어가 있다는 점만 기억합시다.

실전! 회계 용어 바꿔 읽기

이통사, 새 회계 기준 '실적 착시 현상' 골머리

내년부터 적용해야 하는 새 회계 기준 때문에 이동통신사들의 고민이 깊어지고 있다. 현금흐름상 변화는 없지만 회계상 실적이 개선된 것으로 보일 수 있기 때문이다. 실적이 좋아졌으니 통신비를 더 내리라는 압박이 거세질까 봐 그러는 것이다. 게다가 내년 지방선거 때 '통신비 인하 공약'이 쏟아질 게 뻔해 걱정이 태산이란 전언이다. 9일 관련 업계에 따르면, 이동통신 3사는 내년부터 국제회계 기준위원회(IASB)가 마련한 새로운 기업수익 인식기법 'IFRS15'를 적용한다. IFRS15가 도입되면 마케팅 비용 회계 처리 방식이 크게 바뀐다. (중략) 종합하면 매출 증가 요인이 비용 증가 요인보다 커 실적이 개선된 것처럼 보일 가능성이 높은 상황이다. 이에 대한 업계의 예측은 분분하다. 유영상 SK텔레콤 전략기획부문장은 6일 3분기 실적발표 컨퍼런스콜에서 "IFRS15가 손익에 미치는 영향은 크지 않을 것"이라며 "재무상태표의 경우 고객 획득 비용을 자산화하면서 자산과 잉여금이 증가하는 효과가 있다"고 말했다.

《아시아경제》 2017년 11월 9일자 기사 중에서

위의 기사는 이동통신사가 2018년부터 새 회계 기준 IFRS15를 적용하기 때문에 실적이 변할 수 있다는 내용입니다. 왜 그런지 설명하고 있으나, 곳곳에 회계 용어가 등장해 이해하기 어렵습니다. 좀 더 쉬운 표현으로 바꿔볼까요?

"현금흐름상 변화는 없지만 회계상 실적이 개선된 것으로……." 현금흐름이란 실제로 회사로 들어오는 돈(수익 또는 매출액)과 벌기 위해서 사용하는 돈(비용)의 흐름을 의미합니다. 위 기사는 실제 돈의 드나듦에는 변화가 없지만, 회계상 즉 '재무제표 쓰기'가 달라져서 실적이 좋아진 것처럼 보일 것이라는 뜻입니다.

"비용을 자산화하면서……." 비용은 매출을 발생시키기 위해 사용하는 돈입니다. 예전에는 고객을 끌어모을 때 드는 마케팅 비용을 나가는 돈으로 처리했습니다. 하지만 이제부터는 이를 '팔아서 돈이 될 자원'으로 처리하게 되므로 자산과 잉여금의 증가 효과가 있다고 합니다. 이동통신사 고객은 2~3년 또는 그 이상 사용계약(약정)을 맺는 경우가 많습니다. 이동통신사로선 고객이 '2~3년간 서비스의 댓가로 돈을 내는' 존재인 거죠. 그러므로 비용에서 자산으로 회계 처리가 바뀌어 적용된다는 기사입니다.

비용과 자산에 관한 다른 기사 하나를 더 살펴보겠습니다. 동일하게 돈을 사용한 것인데, 재무제표에 기록할 때는 기업에 따라 그 쓰임을 비용 또는 자산으로 구분해서 기록해야 하는 경우가 있습니다. 다음 기사를 보시죠.

기획사 연습생은 비용인가, 자산인가?

SM엔터테인먼트, YG엔터테인먼트, JYP엔터테인먼트 등 3대 기획사에 소속된 연습생, 연예인의 회계 방식에 대해 알아봤다. 음악적 색깔만큼이나 회계 처리 방식도 달랐다. 대개 연습생이 쓰는 돈은 '비용'으로, 아이돌이 쓰는 돈은 '자산'(선급금)으로 처리하고 있다. 하지만 YG는 연습생도 무형자산(개발비)으로 '대접'해주고 있다. (중략) YG는 특이한 '케이스'다. 연습생에게 들어가는 돈도 무형자산 중 하나인 '개발비'로 처리하고 있다. 연습생을 비용으로 보는 JYP와 달리, YG는 연습생을 자산으로 인식한다. JYP와 YG의 음악적 색깔이 다른 것처럼, 연습생을 바라보는 시각도 다르다. 개발비는 계약 기간 동안 상각을 통해 비용으로 털어낸다. 이미 데뷔한 소속 연예인의 경우, 개발비는 대부분 상각됐지만 연습생은 개발비 19억 원 중 5억 6,000만 원(2013년 기준)만 상각 처리됐다. 데뷔하지 못하면 개발비 잔액이 한꺼번에 비용으로 처리될 위험 요소가 있다.

YG는 연습생을 미래에 '돈을 벌' 가능성이 높은 자산으로 분류합니다. 반면

JYP는 연습생에게 사용되는 돈은 비용으로, 아이돌로 데뷔한 경우에는 자산으로 장부에 기록했습니다.

이처럼 같은 경우라도 기업에 따라 회계 처리가 다를 수 있습니다. 따라서 개념을 무조건 외우기보다는 어떻게 실제 처리되는지 흐름을 이해해야 합니다.

재무제표
4대 천왕

〔드라마 〈미생〉의 한 장면〕

장그래와 오 차장이 테이블에 앉아 있다.

오 차장 : 요르단 쪽은 이 업체가 제일 낫네. 재무제표 양호하고, 실적 좋고……

옆으로 슬그머니 다가서는 장그래를 보며,

오 차장 : 보면 알아?

장그래 : 저도 대강은 아는데요. 재무제표만 빼고요.

오 차장 : 아니, 그게 (재무제표) 다인데 그걸 빼면 어떡하나? 일단 쓰윽 훑어봐. 그리고
　　　　　 처음부터 다시 봐.

오 차장 기가 막히다는 듯 바라본다.

오 차장 : 숫자가 눈에 들어온다 싶으면 그 항목부터 다시 봐. 숫자가 한눈에 들어와
　　　　　 야 해.

이 짧은 장면에 재무제표를 이해하는 핵심 노하우가 담겨 있다.

첫째, 재무제표는 기업의 모든 것이다.

둘째, 재무제표의 숫자를 한눈에 살펴볼 줄 알아야 한다.

제표(諸表)란 무엇인가

재무제표는 회사의 재무 상태, 경영 성과 등을 나타내는 표입니다. 보다 구체적으로 풀어보면 기업 경영진 또는 이해관계자들(회사에 관련된 이들 주주, 종업원, 협력사 등)에게 일정한 기준에 따라 작성된 다음과 같은 정보를 제공하는 재무보고서가 재무제표입니다.

1. 현재 기업의 경영 성과
2. 과거 경영 성과나 유사 기업과 비교할 수 있도록 하는 재무지표

기본 정의는 이렇지만 읽는 회계와 쓰는 회계의 관점에서 보면 또 다른 의미가 담겨 있습니다. 쓰는 회계의 관점에서 재무제표는 회계 처리를 정확히 해서 회사의 실체를 제대로 나타내는 과정이 중요합니다. 어떻게 보면 쓰는 회계의 재무제표란 "회계 기간에 맞춰 작성한다. 계정과목을 분리한다. 각 거래를 차변과 대변으로 나누어 기록한다. 각 거래를 계정별로 구분된 총계정원장으로 전기한다. 기말 수정분개 및 전기한다. 장부 마감 후(결산 후) 재무제표를 작성한다"로 표현할 수 있습니다. 경영 성과를 기록할 때 누락되는 것이 없도록 절차적 완벽성에 중점을 두는 것이지요. 반면에 읽는 회계의 관점에서는 절차와 과정보다는 내게 필요한 정보를 재무제표의 '어디서 찾아 읽는가'가 관심사입니다.

재무제표의 제(諸)는 '모두 제'라는 뜻이고, 표(表)는 가로세로 박스 형태의 '표'라는 뜻입니다. 직역하자면 재무제표는 재무에 관한 여러 가지 표란 뜻입니다. 여러 가지 표라니? 재무에 관해서는 단 하나의 표로 설명할 수 없는 걸까요?

보통 "재무제표를 봅시다"하면 손익계산서에 손이 가거나, 머릿속에 결산서를 떠올리기 쉽습니다. 그러나 회계는 '여러 가지 정보'를 여러 개의 표로 만들어서 회사의 재무 상태를 정리합니다. 모든 정보가 하나의 표에 모아져 있지 않습니다. 따라서 재무제표를 읽을 때는 여러 개의 표 사이를 오가며 필요한 정보를 찾아낼 줄 알아야 합니다.

모두 아시다시피 표는 정보를 '요약해서 간략히 나타낼 때' 쓰는 형식입니다. 물론 재무제표는 표와 숫자로만 이뤄져 있지 않습니다. 주석 같은 문장으로 서술된 부분이 더 많습니다. 그러나 가장 핵심적인 회계 정보는 대부분 표에 담긴 숫자에 있습니다. 표와 숫자를 이용해 정보를 '요약'해 한눈에 알아볼 수 있도록 하는 것이 재무제표의 미덕입니다. 표라는 형식을 지키기 위해 회계 용어는 띄어쓰기를 무시합니다. '현금 및 현금성 자산'을 재무제표에 쓸 때는 '현금및현금성자산'이라고 적습니다. 정리하면 재무제표는 회사의 재무 상태, 경영 성과를 '여러 개의 표로 요약해서 나타내는 회계 정보'입니다.

재무제표를 제대로 읽으려면 요약된 숫자의 사연에 귀 기울이고, 항상 한쪽만 보지 말고, 번갈아 여러 개의 표를 '겹쳐' 볼 줄 알아야 합니다. 초보자의 입장에서는 표 하나를 보기도 버거운데 도대체 몇 개나 봐야 하는 건지 걱정스럽습니다. 다른 표는 다 무시하고 재무제표 4대 천왕으로 불리는 표 세 개와 주석만 기억하면 됩니다.

재무제표 4대 천왕

중심이 되는 재무상태 천왕 양팔로 부채와 자본을 휘두른다
주판을 항상 지니고 있는 손익계산 천왕
숨어 있으나 누구에게도 무릎 굽히지 않는 현금흐름 천왕
숫자라면 무엇이든 설명해주는 주석 천왕

재무상태표, 기업의 건강검진표

재무상태표는 재무제표 중에서 가장 중요한 표라고 할 수 있습니다. 예전에는 대차대조표라고도 불렸습니다. 2011년 IFRS가 전면 도입됨에 따라 공식적으로 명칭이 바뀌었는데, 영어 표현을 보면 이해하기가 쉽습니다. 재무상태표는 영어로 'Statement of financial position' 또는 'Balance sheet(B/S)'라고 합니다. 재무적 상태를 드러내는 표란 뜻이죠. 재무상태표는 명칭 그대로 기업의 자산, 부채, 자본의 '상태'를 보여줍니다. 사람으로 치면 건강검진표나 마찬가지입니다. 건강검진을 받으러 가면 피검사, 심전도, 엑스레이 같은 각종 검사를 하고, 그 결과를 구체적인 수치로 나타냅니다. 지방과 근육량 등 신체 구성 요소의 비율도 알려줍니다.

마찬가지로 재무상태표를 통해 우리는 기업의 자산, 부채, 자본 합계와 구성 요소에 대해 알 수 있습니다. 세부적으로는 유동자산, 비유동자산, 유동부채, 비유동부채, 납입자본 등 재무 상태에서 무엇이 얼마나 차지하고 있는지 확인할 수 있습니다. 또한 재무상태표는 기업의 사업 개시일부터 지금까지 '누적된' 자산, 부채, 자본의 현황을 보여줍니다. 기업의 크기와 규모를 비교할 때도 재무상태표를 이용합니다. 보통 전체 규모는 자산총계를 사용하지만, 재무적인 각 요소(유형자산, 부채총계 등)를 따로 견줘보거나, 기업이 가진 재무 요소들의 구성비(부채비율, 유동비율)를 계산할 때 재무상태표를 활용합니다.

손익계산서, 얼마를 벌고 얼마를 남겼나

두 번째 천왕은 손익계산서입니다. 회계를 전혀 몰라도 영업이익, 당기순이익*, 매출액이라는 말은 들어봤을 겁니다. 뉴스에 자주 등장하고, 일상 대화에서도 심심치 않게 등장하는 용어입니다.

손익계산서는 지난 1년간 회사의 손해와 이익을 담은 재무제표입니다. 계산서라고 이름 붙인 이유는 수익인 매출액에서 각종 비용을 모두 뺀 후 최종이익을 보여주는 구조이기 때문입니다. 말보다는 계산식을 보면 이해하기가 쉬울 겁니다. 계산식에서 보듯, 손익계산서는 '수익－비용 ＝ 이익'이라는 빼기의 연속입니다.

당기순이익
일정 기간(해당 기간)의 순이익을 의미한다. 보통 1년 동안 벌어들인 순이익을 표기하는데, '순이익'은 기업이 벌어들인 모든 이익에서 기업이 쓴 모든 비용과 모든 손실을 뺀 차액을 의미한다.

수익(매출액) － 비용(매출원가, 판매와 관리비 등) ＝ 이익

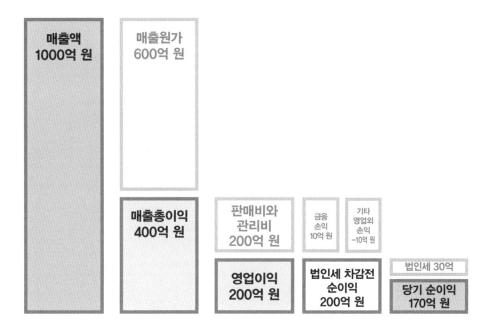

다음 표는 삼성전자의 2017년(2017.1.1.~2017.12.31.) 손익계산서입니다.

연결손익계산서
제 49 기 : 2017년 1월 1일부터 2017년 12월 31일까지
제 48 기 : 2016년 1월 1일부터 2016년 12월 31일까지

삼성전자주식회사와 그 종속기업   (단위 : 백 만원)

과 목	주 석	제 49 (당) 기		제 48 (전) 기	
Ⅰ. 매출액	32	❶	239,575,376		201,866,745
Ⅱ. 매출원가	24	❷	129,290,661		120,277,715
Ⅲ. 매출총이익	❹	❸	110,284,715		81,589,030
판매비와관리비	24,25	56,639,677		52,348,358	
Ⅳ. 영업이익		❺	53,645,038		29,240,672
기 타 수 익	26	3,010,657		3,238,261	
기 타 비 용	26	1,419,648		2,463,814	
지 분 법 이 익	12	201,442		19,501	
금 융 수 익	27	9,737,391		11,385,645	
금 융 비 용	27	8,978,913		10,706,613	
Ⅴ. 법인세비용차감전순이익			56,195,967		30,713,652
법 인 세 비 용	28	14,009,220		7,987,560	
Ⅵ. 당기순이익		❻	42,186,747		22,726,092
지배기업 소유주지분		41,344,569		22,415,655	
비지배지분		842,178		310,437	
Ⅶ. 주당이익	29				
기본주당이익(단위:원)			299,868		157,967
희석주당이익(단위:원)			299,868		157,967

삼성전자 2017년 연결재무제표 손익계산서

① 수익(매출액 239조 5,753억 원)에서 ② 매출을 위한 원가(매출원가 129조 2,906억 원)를 빼면 ③ 매출총이익 110조 2,847억 원이 나옵니다. 다시 매출총이익에서 판매와 관리에 드는 비용인 ④ 판매비와관리비 (56조 6,396억 원)를 차감하면 지난 1년간의 ⑤ 영업이익(53조 6,450억 원)을 알 수 있습니다. 만약 영업이익이 마이너스라면 영업손실로 표시됩니다. 영업이익에서 영업과 관련 없는 손해와 이익에 해당하는 각종 비용을 빼고 나면 ⑥ 최종 당기순이익(42조 1,867억 원)을 계산할 수 있습니다.

재무상태표가 기업이 가진 자산이 얼마나 되는지 보여준다면, 손익계산서는 기업이 얼마나 이익을 내고 있는지를 보여줍니다. 누구나 '얼마를 벌었는지' 결론이 가장 궁금한 법입니다. 손익계산서의 항목 중에 영업이익, 당기순이익은 한 번쯤 들어보았을 겁니다. 읽는 회계에 익숙해지면 영업외수익, 법인세 등 눈에 보이는 정보가 점점 많아집니다. 아는 만큼 보일 뿐만 아니라 읽을수록 더 알게 되는 효과를 얻는 것이지요. 이에 대해서는 뒤에 상세히 설명하겠습니다.

현금흐름표, 돈이 제대로 돌고 있나

'돈이 돌아야 살지', '기업의 피는 현금이다'란 말처럼 기업에 있어 현금은 매우 중요합니다. 현금이 있어야 원재료를 사고, 직원들에게 월급을 주고, 생산과 판매 활동을 할 수 있기 때문입니다. 그런데 회사를 운영하다 보면 외상 거래를 할 수도 있습니다. 거래처가 대금을 지불하지 못할 때도 있습니다. 인정 많은 회사로 유명해지기는 쉽습니다. 그러나 그러다가 우리 회사에 부도라도 나면 안 되겠죠?

이런 상황을 막기 위해 기업은 현금흐름표를 통해 회사의 돈 흐름을 관리합니다. 이처럼 현금흐름표는 기업 자신을 위해 만드는 재무제표이지만, 기업의 속사정을 그대로 보여주는 재무제표라고 할 수 있습니다.

불황기에는 기업 간의 거래를 조심해야 합니다. 호황일 때는 생산과 판매, 대금 회수 등 모든 경영 활동이 원활하게 이뤄지지만 불황일 때는 사정이 달라집니다. 굳이 호황과 불황을 생각하지 않더라도 안정적으로 경영하기 위해서는 현금을 깐깐하게 관리해야 합니다.

내가 줄 돈과 내가 받을 돈의 시차가 맞아떨어지지 않으면 이익이 나더라도 망할 수 있습니다. 탄탄한 회사일수록 현금흐름표의 숫자를 세심하게 관리합니다. 빚을 내서 투자를 하고 영업을 통해 자금을 회수하는 과정이 톱니바퀴처럼 아귀가 잘 맞아 돌아가야 합니다. 현금흐름이 안정적이어야 기업을 안정적으로 운영할 수 있습니다.

간혹 경영 성과가 좋다고 알려진 기업이 단기간 흔들리는 모습을 목격하는데, 이 경우 현금흐름을 소홀히 했을 가능성이 높습니다. 앞에서 설명한 현금주의와 발생주의의 차이가 기억나시나요? 재무제표 중 현금흐름표는 현금주의에 가까운 표입니다. 발생주의로 만든 재무상태표와 손익계산서 상에서 살피지 못한 돈의 흐름을 현금흐름표에서는 확인할 수 있습니다.

물론 현금만으로는 경영 활동 전망을 분석하기 어렵습니다. 하지만 현금흐름표는 '현재 실제로' 돌아가고 있는 돈의 흐름을 보여주기 때문에 위험신호를 파악하는 데 매우 유용합니다.

특히 투자자라면 영업이익, 매출액에만 현혹되지 말고 기업의 현금흐름이 담긴 현금흐름표에 관심을 가져야 합니다.

주석, 숫자의 해석자

재무제표 4대 천왕에 왜 표가 아닌 주석이 들어가 있을까요?

주석이 없는 재무제표는 바퀴 없는 자동차나 마찬가지입니다. 주석은 재무제표를 이해하는 데 중요한 정보를 제공합니다. 숫자를 설명해주는 '지혜의 천왕'이란 별명을 붙일 수 있을 정도입니다. 비계량적인 정보, 즉 숫자로 설명할 수 없는 기업 정보를 담고 있기도 합니다. 읽는 회계에서 매우 소중한 요소라고 할 수 있습니다.

재무제표가 첨부된 감사보고서를 열어보면 페이지마다 '첨부된 재무제표에 대한 주석은 본 재무제표의 일부입니다'라는 문구를 볼 수 있습니다. 재무제'표'에 어울리지 않게 숫자로 이뤄져 있지는 않지만, 주석은 재무제표 4대 천왕의 하나이자 나머지 3대 천왕이 제 힘을 발휘하게 도와주는 든든한 응원군입니다. 자신의 회계 지식 수준을 파악하고 싶다면, 주석을 얼마나 잘 활용하는지 여부로 판가름해도 될 정도입니다.

주석은 재무제표상의 계정과목 금액에 '번호'를 붙이고 난외 또는 별지에 동일한 번호를 표시해 그 내용을 설명합니다. 요약된 재무제표에는 모든 요소가 합쳐진 숫자만 표기됩니다. 가령 자동차 회사의 손익계산서에 매출액 1,000억 원이 기록되어 있습니다. 재무제표 안의 숫자를 통해서는 당기의 수익 규모만 알 수 있습니다. 그런데 이 자동차 회사에는 세 개 브랜드가 있습니다. 수출용과 내수용도 따로 취급합니다. 이해관계자들을 위해 이 기업은 주석에 1,000억 원이라는 숫자가 어떻게 나오게 되었는지 추가로 설명해놓습니다. 재무제표 안의 숫자는 수십만 건의 거래를 모아놓은 합계입니다. 그 의미를 구체적으로 이해하려면 주석 없이는 불가능합니다.

다음의 페이지의 종합유선방송사업자이자 케이블TV 사업자인 CJ헬로의 2017년 손익계산서입니다.

①2017년 영업이익 728억 원은 전년도의 ②429억 원에 비해 상승했습니다. 그런데 당기순이익은 ③288억 원으로 전년과 비교해 그다지 높아지지 않았습니다.

손익계산서
제 23 기 2017년 1월 1일부터 2017년 12월 31일까지
제 22 기 2016년 1월 1일부터 2016년 12월 31일까지

주식회사 CJ헬로　　　　　　　　　　　　　　　　　　　　　　　(단위 : 원)

과 목	제 23 (당) 기		제 22 (전) 기	
Ⅰ.매출액(주석12,29,33)		1,119,895,014,270		1,100,634,800,031
1.판매비와관리비	(323,994,724,325)		(318,379,542,507)	
Ⅴ.영업이익	❶	72,864,983,274	❷	42,936,484,698
1.금융수익	6,826,409,693		4,536,444,053	
2.금융비용(주석27) ❹	(20,428,063,318)		(21,610,983,361)	
3.기타영업외수익	4,488,013,016		11,622,683,643	
4.기타영업외비용(주석28,29) ❺	(22,911,107,417)		(11,744,438,193)	
5.관계기업투자손익	361,142,572		252,973,559	
Ⅴ.법인세비용차감전순이익		41,201,377,820		25,993,164,399
Ⅵ.법인세비용		(12,318,640,140)		(4,480,371,760)
Ⅶ.당기순이익	❸	28,882,737,680		21,512,792,639
주당손익:				
기본및희석주당이익		373		278

CJ헬로 2017년 감사보고서 손익계산서 일부

　이유가 무엇일까요? ④ 금융비용 204억 원과 ⑤ 기타 영업외비용 229억 원이 크기 때문입니다.(재무제표에서 (　　)로 표시한 금액은 − 즉 적자를 뜻합니다.) 표의 숫자만 봐서는 정확한 내용을 알기 어렵습니다. 이를 제대로 알기 위해서는 주석을 확인해야 합니다. 금융비용은 주석 27번, 기타 영업외비용은 주석 28, 29번에 설명돼 있습니다.

27. 금융수익 및 금융비용

당사는 금융상품의 운용 및 처분 시 발생하는 수익(비용)을 금융수익(비용)으로 분류하고 있으며, 이에 따라 발생한 금융손익의 상세내역은 다음과 같습니다.

구 분	당 기		전 기	
(단위: 천원)				
금융수익:		6,826,410		4,536,444
이자수익-대여금및수취채권	4,160,717		4,505,410	
외환차익	12,529		22,573	
외화환산이익	1,609,474		–	
배당수익	9,890		8,460	
매도가능금융자산처분이익	1,033,800		1	
금융비용:		(20,428,063)		(21,610,983)
이자비용 ❶	(19,022,187)		(21,408,401)	
외환차손	(1,768)		(27,734)	
외화환산손실	–		(343)	
매도가능금융자산처분손실	(4,790)		(171,505)	
매도가능금융자산손상차손	–		(3,000)	
파생상품평가손실	(1,399,318)		–	
순금융비용		(13,601,654)		(17,074,539)

CJ헬로 2017년 감사보고서 주석27

28. 기타영업외수익 및 기타영업외비용

당기 및 전기 중 발생한 기타영업외수익 및 기타영업외비용의 내역은 다음과 같습니다.

구 분	금 액			
(단위: 천원)				
	당 기		전 기	
기타영업외수익:		4,488,013		11,622,684
임대료수익	–		4,265	
유형자산처분이익	131,535		124,651	
투자부동산처분이익	–		2,246,753	
무형자산처분이익	–		690,032	
잡이익	4,356,478		8,556,983	
기타영업외비용: ❷		(22,911,107)		(11,744,438)
기타의대손상각비	(1,258,873)		(1,693,828)	
유형자산처분손실	(8,335,337)		(4,051,973)	
유형자산손상차손	(821,030)		(1,277,004)	
무형자산처분손실	(6,266,323)		(644)	
재고자산폐기손실	(21,300)		–	
잡손실	(2,642,345)		(1,988,117)	
기부금	(3,490,561)		(2,510,727)	
충당부채전입액	(75,338)		(222,145)	

기타영업비용의 세부사항

CJ헬로 2017년 감사보고서 주석28

CJ헬로의 금융비용 중 가장 큰 항목은 주석 27번에서 확인할 수 있습니다. ① 이자비용 190억 원입니다. 전기의 214억 원에 비해서는 줄었지만 여전히 높은 편입니다. 주석 28번에서는 ② 기타 영업외비용 229억 원의 세부항목을 확인할 수 있습니다. 대손상각비, 유형자산처분손실, 무형자산처분손실 등이 세부 항목입니다. 전기(전년도)에 비해 두 배가량 증가했다는 사실도 알 수 있습니다. 이처럼 영업이익과 당기순이익이 차이가 있을 때는 주석을 통해 그 원인을 알아야 경영 성과를 정확히 이해할 수 있습니다.

재무상태표, 손익계산서, 현금흐름표 등 재무제표를 가득 채운 숫자는 이렇듯 숨겨진 뜻을 갖고 있습니다. 따라서 이를 제대로 파악하려면 주석을 반드시 챙겨봐야 합니다. 재무제표의 분량 비중에서도 주석은 90% 이상을 차지합니다.

그런데 재무제표를 만드는 회사도 주석을 표기하기가 어렵다고 하고, 재무제표를 읽는 이해관계자도 주석을 이해하기가 어렵다고 합니다. 아이러니한 상황입니다. 재무제표를 쉽게 설명하기 위해 주석을 다는 것이고, 주석은 재무제표의 이해를 돕는 도구라는 사실은 알겠는데, 주석을 읽고 쓰기가 어렵다니……. 이유가 뭘까요?

크게 두 가지 이유가 있습니다. 하나는 '관행적'으로 이뤄지는 딱딱한 표현 때문입니다. 주석은 거의 대부분 한자어인 회계 용어로 작성됩니다. 둘째, 회계 용어는 규칙으로 정해진 회계 기준에 따라 만들어진 표현이기 때문에 임의로 풀어쓸 수 없습니다. 혹시 풀어쓰려다 더 많은 오해를 만들어낼까 봐 변화를 시도하려는 생각조차 하지 않습니다. 그러다 보니 일상생활에선 거의 쓰이지 않는 오래된 표현도 꽤 많습니다.

그러나 걱정하지 않아도 됩니다. 누구나 처음에는 주석의 문장이 눈에 잘 들어오지 않습니다. 우리나라 말을 잘 모르는 외국인이 써놓은 것만 같다는 생각이 들기도 합니다. 그러나 뒤에 소개할 재무제표 읽는 법을 익히고 조금만 인내심을 갖고 재무제표를 읽다 보면 어느새, 패턴처럼 늘 나오는 관행적 표현을 생략하며 읽을 수 있습니다. 오히려 관행적인 표현 덕분에 익숙해질수록 주석 읽기가 점점 빨라집니다.

'주석'만 볼 줄 알아도
정보량이 두 배 늘어난다

주석을 제대로 읽으면 유익한 정보를 많이 얻을 수 있습니다.

한미약품을 예로 들어보겠습니다. 바이오·제약 회사인 한미약품은 신약 개발로 온 국민의 관심을 받았습니다. 한미약품에 투자하기 위해 재무제표를 본다면 가장 먼저 무엇을 봐야 할까요? 회계 초보자라면 복잡하게 생각할 것 없습니다. 빚이 얼마인지(재정 건전성)부터 확인합니다. 부채총계는 재무상태표를 보면 쉽게 찾을 수 있습니다.

3강에서 살펴본 대로 DART에 들어가 한미약품의 감사보고서를 내려받습니다. 그리고 재무상태표를 열어봅니다. 여기서는 2016년 3월 30일에 공시된 감사보고서를 사례로 들겠습니다.

재 무 상 태 표
제6기 2015년 12월 31일 현재
제5기 2014년 12월 31일 현재

한미약품주식회사　　　　　　　　　　　　　　　　　　　　　　　　(단위 : 원)

과목	제 6(당)기말		제5(전)기말	
부채				
1. 유동부채		634,618,040,833		149,582,514,791
매입채무및기타채무(주석15,31,32)	208,639,597,054		86,152,859,225	
단기차입금(주석16,31)	30,984,480,000		32,897,491,200	
유동성장기차입금(주석16,31)	45,000,000,000		10,000,000,000	
유동성사채(주석16,31)	19,979,573,073		−	
당기법인세부채	6,344,959,314		−	
기타금융부채(주석17,31,31)	10,000,000		59,802,754	
기타부채(주석20)　❸	323,605,431,392		20,472,361,612	
2. 비유동부채		284,769,116,741		247,148,254,719
장기차입금(주석16,31)	90,000,000,000		85,000,000,000	
장기사채(주석16,31)	159,549,674,006		129,578,807,644	
순확정급여부채(주석3,18)	24,014,843,169		23,684,760,765	
반품충당부채(주석19)	10,988,486,000		8,884,686,310	
기타금융부채(주석17,31)	216,113,566		−	
부채총계	❶	919,387,157,574	❷	396,730,769,510

한미약품 2015년 감사보고서 재무상태표 일부

　한미약품의 ① 부채총계는 9,193억 원입니다. 전년도에는 ② 부채총계가 3,967억

원(재무제표는 보통 2개 년의 자료가 함께 표시됩니다)이었습니다. '빚이 왜 이리 많이 늘었

지? 거의 두 배 이상 증가했는데'라는 생각이 들 수밖에 없습니다. 이유를 알기 위해 주석을 살펴봅시다.

주석의 어느 부분을 봐야 할지 힌트를 얻기 위해 재무상태표를 좀 더 들여다봅시다. 우선 대략적으로 지난해와 비교해 부채 항목 중 어느 부분이 가장 늘었는지 찾아봅시다. 매입채무및기타채무, 단기차입금, 유동성장기차입금 등 찬찬히 내려가다 보니 ③ 기타부채가 3,236억 원으로 가장 크게 늘었습니다. 기타부채의 주석번호는 20번입니다.

주석 20번, 기타부채를 보면 전기 말에는 없었던 ④ 선수수익 2,626억 원이 기록되

20. 기타부채
(1)당기말 및 전기말 현재 기타부채의 내역은 다음과 같습니다.

(단위 : 천원)

구분	당기말	전기말
종업원급여(주)	22,558,733	6,593,959
미지급비용	25,610,600	–
선수금	301,538	1,241,979
예수금	12,513,360	9,374,077
부가가치세예수금	–	3,262,347
선수수익 ❹	262,621,200	–
합계	323,605,431	20,472,362

(주) 종업원급여 관련 기타부채는 발생된 연차유급휴가 등을 포함하고 있습니다.

한미약품 2015년 감사보고서 주석 일부

어 있습니다. 선수수익의 뜻은 포털 사이트 검색으로 확인합니다. 선수수익은 앞으로
용역이나 서비스(기술 제공)를 제공해서 갚을 부채를 뜻합니다. 당시 한미약품이 해외
제약사와 계약을 했고, 앞으로 몇 년간 기술을 제공하기로 했다는 뉴스가 있었습니
다. 따라서 큰 금액의 선수수익이 생겼고, 이를 부채로 잡다 보니 부채총계가 높아진
것으로 추정할 수 있습니다. 이처럼 재무제표의 숫자 변화는 주석을 확인하면 금세
답을 찾을 수 있습니다.

3부

STEP 2
재무제표 이해하기

7강부터 12강까지는 자산성, 부채와 자본, 회계어, 재무제표 관계, 다섯 가지 이익, 현금흐름 등 재무제표의 6가지 핵심 개념을 상세히 소개합니다. 대략적인 내용을 살펴보면 다음과 같습니다.

- 자산을 이해하기 위해서는 자산성(性)과 자산화(化)를 알아야 한다.
- 자산은 자본과 부채의 합이다(자산 = 부채 + 자본).
- 회계 용어의 기본 단위는 계정과목이다. 계정과목은 일상생활의 사건을 회계 언어로 바꾼 회계어(語)다. 계정과목은 접두사를 통해 그 뜻을 유추할 수 있다.
- 재무제표는 서로 연결되어 있다.
- 손익계산서에서 표현된 다섯 가지 이익에 주목한다.
- 현금흐름의 중요성을 이해한다.

위에 설명한 내용들을 이해하고 나면 무의미해 보이던 재무제표상 숫자들의 '포인트'를 짚을 수 있습니다.

회계는 자산으로 시작해 자산으로 끝난다

따르르릉.

"감사합니다. 기획팀입니다. 네? 네에, 네? 아 그건, 좀, 네, 그럼…… 알겠습니다."

맥없이 전화를 끊고 박 과장을 쳐다본다.

"박 선배, 죄송한데 감사팀 권 대리님한테 전화 좀 해주실래요?"

박 과장이 기지개를 켜며 슬며시 실눈을 뜬다.

"아니, 감사팀 권 대리가 아직도 불편해? 뭘 그런 거까지 선배를 시키나? 좀 친해지란 말이야. 커피도 마시고 술자리도 갖고 말이야."

"박 선배는 권 대리님이 얼마나 깐깐한지 몰라서 그래요."

"권 대리한테 무조건 밥을 세 번만 사봐."

"밥 산다고 사람 좋아할 캐릭터 아닙니다."

"하여튼 요즘 후배들은 선배 말을 귓등으로 흘려 들어요. 밥을 사되 절대 업무 이야기는 하지 마. 처음에는 누구나 '나한테 뭐 할 말이 있나?' 이렇게 생각한단 말이야. 두 번째 밥을 사면 '뭔가 도움을 요청하겠지'라고 생각하면서 무슨 일이냐고 묻기도 해. 세 번까지 꾹 참고 아무 말도 하지 말고 밥을 사봐. 그럼 상대방 마음속에 어떤 생각이 싹트는 줄 알아? '이 친구 원래 착한 사람이었군. 나랑 친해지고 싶어서 그랬던 거네'라고 생각을 굳힌단 말이야. 아주 우호적인 관계가 시작되는 거지. 억지로 술자리를 만들지 말고 평소에 인간적인 관계를 만들라고."

"까다로운 상대를 내 자산으로 만드는 방법이네요."

"그렇지. 나의 인맥을 자산화(化)하는 건 밥정(情)만한 게 없어요."

사람은 자산일까, 아닐까?

사회생활에서 인간관계는 매우 중요한 요소입니다. 오죽하면 '사람이 자산'이라는 말이 있겠습니까. 그러나 좋은 사람을 만나거나, 상대방을 나에게 좋은 사람으로 만들기는 말처럼 쉽지 않습니다. 자산은 회계에서 인맥만큼이나 중요한 요소입니다. 건실한 자산을 만들기 위해 다른 모든 회계 요소가 움직인다고 해도 지나친 표현이 아닙니다.

기업은 자본과 부채, 즉 내 돈과 남의 돈으로 자산을 구입합니다. 자산을 이용해 제품을 생산하고 서비스를 개발해 소비자에게 제공합니다. 또한 자산을 팔아 이익을 내고, 그 이익으로 다시 자산을 확보하고, 새로운 사업에 투자합니다. 어떤 자산을 가지고 있는지, 가지고 있는 자산이 얼마의 가치가 있는지, 회계 정보의 숫자는 모두 자산을 설명하는 것이라 해도 무방합니다.

앞에서 살펴본 핵심 회계 용어 다섯 가지와 재무제표 4대 천왕을 적용해서 표현해볼까요? 부채와 자본은 자산을 사기 위해 필요한 남의 돈과 내 돈입니다. 자산을 부스러뜨려 수익을 만들고 비용을 댑니다. 재무상태표가 이 과정을 정리한 것이라면, 손익계산서는 자산이 이익으로 변하는 과정을 계산한 것입니다.

회계는 자산에서 시작해 자산으로 끝난다고 해도 지나치지 않습니다. 이번 시간에는 앞서 회계 용어에서 살펴본 자산의 개념을 좀 더 깊게 파헤쳐보겠습니다.

자산. 과거의 거래나 사건의 결과로, 현재 기업 실체에 의해 지배되고 미래에 경제적 효익을 창출할 것으로 기대되는 자원.

자산은 재무상태표에서 확인할 수 있습니다. 재무상태표의 자산총계는 기업이 경영 활동을 위해 보유한 모든 재원과 자원의 총합을 뜻합니다. 하지만 기업에 '속해' 있다고 모든 것이 자산으로 장부에 기록되진 않습니다. 어떤 것은 자산이 되고, 어떤 것은 자산이 되지 않는 기준은 무엇일까요? 이를 이해하기 위해서는 자산의 두 가지 특징인 자산성과 자산화를 알아야 합니다.

"우리 회사의 최고 자산은 인재입니다." 흔히 이런 말을 합니다. 하지만 사람은 재무상태표의 자산 항목에 포함되지 않습니다. 코카콜라, 애플 같은 브랜드나 특허 기술은 자산 항목으로 잡을 수 있습니다. 실체가 있는 사람은 자산이 안 되는데, 무형인 브랜드와 기술은 자산으로 인정되는 이유는 무엇일까요?

바로 자산성(性) 때문입니다. 자산성은 팔아서 돈이 될 수 있으며, 기업이 소유권을 가지고 있다는 뜻입니다. 어떤 유무형 재원이 기업의 자산이 되려면, 기업이 매매 선택권을 가지고 있어야 합니다. 당연한 말이지만, 임직원이라고 해서 회사가 함부로 다른 회사에 사람을 판매(?)할 수는 없습니다. 따라서 사람은 자산 범위에 포함되지 않습니다. 회계 정보를 만들 때 어떤 것을 자산으로 보는지 실제 기업의 재무상태표로 살펴봅시다.

다음 페이지의 표는 LG전자의 2017년 재무상태표의 일부입니다. LG전자의 자산은 총 19개 항목으로 나뉘어 있습니다. 자산은 '팔아서 돈'이 되는 것입니다. 회사의 업종과 상황에 따라 자산 항목은 다를 수밖에 없습니다. 공통적으로 많이 사용되는 항목을 보겠습니다.

예를 들어,

① 현금및현금성자산은 말 그대로 현금과 예금을 뜻합니다.

② 매출채권은 물건이나 서비스를 판매하고 받은 어음입니다. 기간이 지나면 현금으로 바꿀 수 있으니, 자산이라고 할 수 있습니다.

③ 재고자산은 창고에 보관되어 있는 재고를 뜻합니다. LG전자의 재고는 가전제품을 만들기 위한 재료와 완성품인 가전제품이 되겠죠.

제 16 기 2017.12.31 현재
제 15 기 2016.12.31 현재

LG전자

(단위 : 백만원)

	제 16 기	제 15 기
자산		
1. 유동자산	19,194,969	16,990,563
❶ 현금및현금성자산	3,350,597	3,015,137
금융기관예치금	80,515	80,559
❷ 매출채권	8,178,213	7,059,889
기타수취채권	467,427	545,766
기타금융자산	3,534	30,650
❸ 재고자산	5,908,437	5,171,015
당기법인세자산	134,159	147,221
2.비유동자산	22,025,990	20,864,706
금융기관예치금	52,775	58,195
기타수취채권	470,216	490,178
기타금융자산	52,981	66,147
❹ 유형자산	11,800,782	11,222,428
❺ 무형자산	1,854,620	1,571,087
이연법인세자산	1,365,367	1,554,594
관계기업 및 공동기업 투자	5,620,331	5,104,558
투자부동산	95,712	97,031
순확정급여자산	684	730
기타자산	712,522	699,758
자산총계	41,220,959	37,855,269

LG전자 2017년 연결 재무상태표 일부

④ 유형자산은 토지, 건물, 기계장치, 공구와기구 등입니다. 제조업체인 LG전자이다 보니 공장 같은 설비 자산이 많습니다.

⑤ **무형자산**은 영업권, 브랜드와 관련된 산업재산권, 개발비, 회원권 등 실체는 없지만 로열티 같은 이익을 얻을 수 있는 자산입니다. 그 외에도 다양한 자산이 있지만, 어찌 됐든 팔아서 돈으로 바꿀 수 있는 '자산성'이 인정되어야 장부에 기록된다는 점이 중요합니다.

기업은 소유한 모든 자원의 자산성을 따져 장부에 기록합니다. 또한 자산을 소유하고 있는 동안 지속적으로 자산성의 변화를 관리합니다. 이는 자산을 다시 시장에 팔 때, 얼마를 받을 수 있는지 주기적으로 측정하기 위해서입니다. 즉, 자산 관리란 기업이 가진 자산의 자산성을 스스로 감시하는 활동입니다. '나의 자산' 같은 표현은 함축적인 의미로 많이 쓰이지만, 기업의 자산은 매우 구체적입니다. 회계적으로 어떻게 기록하는지 생각해보면 기업의 자산이 무엇인지 이해할 수 있습니다.

기업이 자산을 구입하는 순간은 회계 처리를 하기 쉽습니다. 산 가격이 있으니, 그대로 기록하면 됩니다. 그렇다면 보유하는 중간에 가치의 변동이 생긴 자산은 어떻게 해야 할까요? 값어치를 평가해 재무제표를 수정합니다. 이런 이유에서 금, 석유 등 가격이 변동하는 원재료가 자산인 회사는 자산가치 때문에 희비가 엇갈리는 경우도 있습니다.

자산성을 평가할 때는 환급성, 소유권, 매매권이 기준이 됩니다. 다만 자산성의 유무를 기계적으로 결정하지는 않습니다.

예를 들어, 브랜드나 특허 기술은 상표와 특허권 등 기업이 소유권을 주장할 수 있습니다. 하지만 그 가치는 시장에서 결정됩니다. 브랜드와 특허권을 사려는 대상자가 있고, 실제 거래가 발생할 때만 가치평가를 통해 가격을 정할 수 있습니다. 종종 어떤 회사의 브랜드와 특허기술 가치가 수백억 원에 달한다고 뉴스가 나오곤 합니다. 그런데 브랜드와 특허권이 실제로 매매된다면 뉴스에 소개된 가격을 받을 수 있을까요? 이는 가정에 불과합니다. 해당 회사의 재무제표상에는

구분	사람	기계, 유가증권, 토지 등	브랜드, 특허권, 영업권 등
환급성	X	O	△
소유권	X	O	O
매매권	X	O	△
자산성	없음	있음	시장의 판단에 따라 결정

자산성 판단 기준

그런 숫자가 존재하지 않습니다. 대신 상표 등록비, 연구개발비 등의 비용이 재무제표에 숫자로 반영될 뿐입니다.

좀 더 쉬운 예를 들어보겠습니다. 어떤 기업이 제품 생산용 기계장치를 10억 원 주고 구입했습니다. 그런데 불과 1년 만에 기계가 고장 났습니다. 회사 사정상 고장 난 기계를 1년간 방치했더니, 이제는 수리조차 할 수 없게 되었습니다. 녹이 슬어 고철값도 받을 수 없다고 하니, 팔아도 돈이 될 리 없습니다. 살 때는 10억 원짜리 기계였지만 이제는 자산성을 완전히 상실한 것이지요. 이 경우, 기업은 재무상태표의 10억 원이라는 숫자를 지워야 합니다.

반대 경우도 생각해볼 수 있습니다. 10억 원 가치의 기계장치로 만드는 제품이 인기를 끌어서 매년 10억 원 정도 이익을 냅니다. 덕분에 기계장치의 수요가 높아져 중고로 판매해도 처음 구입한 10억 원보다 두 배 커진 20억 원이 됐다면? 물론 이런 경우는 드물지만, 가치가 상승한 만큼 재평가를 통해 20억 원이라는 숫자를 장부에 기입할 수 있습니다.

회계 처리를 할 때 자산의 가치가 크게 변화했다면 '가치측정'을 다시 한 뒤 숫자를 조정합니다. 다만, 이런 과정은 대게 보수적으로 이뤄집니다. 자산성이 떨어지면 곧바로 재무제표에 반영하지만 오른 것은 그냥 놔두는 경향이 있습니다.

자산 = 부채 + 자본

자산은 팔아서 이익이 되는 '모든 것'과 '권리'입니다. 이를 간단한 회계등식으로 정리하면 다음과 같습니다.

자산 = 부채 + 자본

위의 식은 자산, 부채, 자본의 상호관계를 보여줍니다. 간단하지만 매우 중요한 식입니다. 기업의 자산 총량은 그 자산에 대한 청구권과 일치합니다. '청구권과 일치한다'는 말이 좀 어려울 수도 있습니다. 기업이 가진 자산으로는 토지, 공장, 건물, 상품, 원재료 등이 있습니다.

기업의 소유로 잡힌 자산이 100% 기업의 소유주, 즉 사장의 돈으로 산 경우는 드뭅니다. 대게 투자자와 채권자의 돈이 포함되어 있습니다. 보통 투자자의 돈은 지분이라고 합니다. 지분은 자본을 투자한 주주와 부채를 빌려준 채권자가 자산에 대해 얼마씩 권리를 가지고 있다는 의미입니다.

기업의 자산총계는 투자자의 지분과 채권자의 청구금액의 합이라고 할 수 있습니다. 물론 경영자, 사장의 돈도 포함되어 있습니다만, '자산 = 부채 + 자본'라는 회계등식은 기업이 가진 자산이 누구의 돈으로 구입된 것인지 그 출처를 나타냅니다. 그래서 보통 회계등식을 102쪽의 그림처럼 표현합니다.

자산은 기업이 이익을 내기 위해 사들인 것들의 총량입니다. 자산을 사기 위해서는 돈이 필요합니다. 그런데 만약 기업이 가진 돈이 부족하면 어떻게 해야 할까요? 은행이나 다른 사람의 돈을 빌려야 합니다. 회계등식은 자산이 어떻게 구매되었는지, 자금의 출처를 보여주는 공식이기도 합니다.

자산은 자본과 부채의 합이므로 팔아서 돈이 되는 자산을 남의 돈(부채)으로 샀는지, 내 돈(자본)으로 샀는지 구별해 줍니다. 이를 한 줄 표현하면, "팔아서 돈

| 자산 | 부채 |
| | 자본 |

이 되는 것을 내 돈 아니면 남의 돈으로 사왔다"입니다.

예를 들어, 40억 원의 부채와 60억 원의 자본을 가진 기업의 자산은 100억 원입니다. "회사는 팔아서 돈으로 만들 수 있는 100억 원의 자산을 자기 돈 60억 원으로 사고, 부족해서 남의 돈 40억 원을 빌려서 산 상태다"라고 말할 수 있습니다. 회계등식은 재무상태표의 가장 큰 카테고리인 자산이 부채와 자본으로 이뤄져 있으며, 부채와 자산이 어떤 비율을 차지하는지 나타내는 계산식입니다. 자산과 자본, 부채 사이의 관계를 직관적으로 표현한 것이지요.

다음은 현대자동차의 2017년 분기보고서에 첨부된 재무상태표다. 빈칸으로

가려진 자본 총계를 구하시오.

분기재무상태표
제50기 1분기 2017년 3월 31일 현재
제49기 2016년 12월 31일 현재

현대자동차

(단위 : 백만원)

자산	제50기 1분기 말		제49기 말
자산			
Ⅰ. 유동자산	23,980,715		24,175,403
Ⅱ. 비유동자산	45,728,560		45,675,514
자 산 총 계	69,709,275		69,850,917
부 채			
Ⅰ. 유동부채	10,851,839		11,209,671
Ⅱ. 비유동부채	6,104,260		6,061,535
부 채 총 계	16,956,099		17,271,206
자 본 총 계	?		52,579,711

현대자동차 2017년 분기재무상태표 일부

답:_____

풀이 : 2017년 3월 말 기준 69조 7,092억 원(자산) = 16조 9,561억 원(부채) + 52조
7,531억 원(자본).

[정답] 52,753,176백만원

부채와 자본의 '자산화'

　자산의 두 번째 특징 자산화(化)에 대해 알아보겠습니다. 자산화는 조달된 자금이 자산으로 변해가는 과정을 뜻합니다. 재무상태표는 자산, 부채, 자본의 구성을 '일정 시점(재무상태표 작성 기준)'에 한정해 보여줍니다. 따라서 기말에 작성된 재무상태표만 봐서는 자산과 부채, 자본에서 어떤 변화가 있었는지 확인할 수 없습니다. 재무상태표는 결산 시점에 남의 돈과 내 돈으로 얼마만큼의 자산이 증가 또는 감소했는지만 보여줍니다. 이를 통해 자산이 생겨난 돈의 출처를 알 수 있지요.

　그런데 돈에는 꼬리표가 없습니다. 회사가 설립된 지 오래되다 보면 모든 자산에 부채와 자본이 섞이게 마련입니다. 공개되는 재무회계 정보만으로는 정확한 내역을 알 도리가 없습니다. 회사 재무 상태를 제대로 이해하려면 수십 수백 번의 자산 거래 결과 지금의 재무제표가 만들어졌다는 사실을 기억하세요. 지금 우리가 보고 있는 자산은 차곡차곡 자산화 과정을 통해 누적된 결과물입니다.

　다음 페이지의 그림은 부채와 자본이 어떻게 각각 자산 세부 항목으로 변해가는지 보여줍니다. 아직 낯선 회계 용어가 있지만 눈에 익힌다고 생각하고 살펴보겠습니다.

　회사는 조달해 온 돈으로 원재료를 사거나, 설비투자를 하기 위해 토지, 건물, 기계 등을 구입합니다. 그리고 이것으로 상품을 만들고 팔아서 다시 원재료를 조달합니다. 이런 기업 경영 방식을 자전거 타기에 비유할 수 있습니다. 자전거가 쓰러지지 않으려면 바퀴가 굴러야 하고, 그러려면 페달을 계속 밟아야 합니다. 마찬가지입니다. 기업이 쓰러지지 않으려면 사업을 지속해야 하고, 그러려면 자산을 계속 투입해야 합니다. 1회성 사업은 존재하지 않습니다. 물건을 팔거나, 서비스를 제공하는 것을 멈출 수 없습니다. 생산 · 판매 · 유통 등 경영 활동이 바

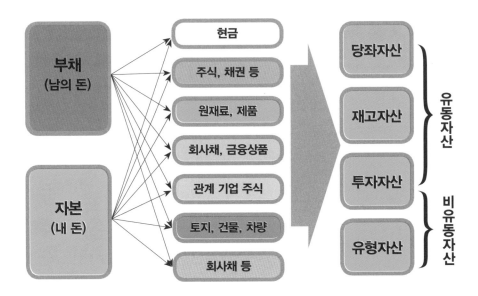

부채와 자본의 자산화 과정

퀴처럼 끊임없이 돌아가야 합니다. 벌어들인 '돈'으로 다시 '자원'을 사고, 어떨 땐 새로운 사업에 투자하기도 합니다.

자산화는 자금 흐름과 관계있습니다. 도식화해놓으니 단순해 보이지만 사실 부채와 자본은 매우 복잡하게 얽혀 있습니다. 기업의 시작, 즉 창업은 자기 돈(자본)만으로 할 수도 있습니다. 하지만 어느 순간, 빌린 돈과 투자 받은 돈, 벌어들인 돈이 얽히고설키게 마련입니다. 자본과 부채를 명확하게 구분할 수 있을 것 같지만, 재무제표 항목상으로 이들은 매우 복잡하게 서로 섞이게 마련입니다.

사내유보금 논쟁

부채와 자본이 자산으로 변한다는 자산화의 개념을 이해하면 사라질 논쟁이 사내유보금을 둘러싼 오해입니다. '대기업 사내유보금 과세'는 지난 몇 년간 언론의 단골 소재였습니다. 사내유보금 논란은 기업이 벌어들인 돈을 재투자하지 않고, 쌓아두고 있다는 오해에서 비롯됐습니다. 그런데 과연 기업들이 회사에 현금을 쌓아두고 있을까요?

재무제표를 보면서 사내유보금에 대해 알아봅시다. 재무제표의 어느 항목을 찾아봐야 사내유보금에 대해 알 수 있을까요? 회계에는 '사내유보금'이라는 용어가 없습니다. 사내유보금은 경제·경영 용어입니다.

사전을 찾아보면 사내유보(Retained Earning, 社內留保)는 "기업이 순이익 가운데 세금이나 배당금, 임원 상여금 등으로 외부에 유출되는 부분을 제외하고 기업 안에 적립해두는 금액"이라고 돼 있습니다. 이 정의에 따르면 당기순이익이나 자본이익 중 기업이 남긴 돈이라고 해석해도 될 것 같습니다. 이에 해당하는 항목이 재무상태표의 이익잉여금과 자본잉여금입니다. 즉, 기업의 이익 중 세금이나 배당으로 외부에 유출되지 않은 돈이지요. 그러면 이런 해석에 따라 삼성전자의 사내유보금을 직접 찾아볼까요?

삼성전자의 사내유보금 논쟁이 한창이던 2016년 삼성전자 분기 검토 보고서의 재무상태표를 살펴봅시다.

삼성전자주식회사 (단위 : 백만원)

과목	제 48(당)분기		제47(전)기	
Ⅰ. 자본금(주석14)		897,514		897,514
1.우선주자본금	119,467		119,467	
2.보통주자본금	778,047		778,047	
Ⅱ. 주식발행초과금	❷	4,403,893		4,403,893
Ⅲ. 이익잉여금(주석15)	❶	138,935,740		143,629,177
Ⅳ. 기타자본항목(주석16)		(11,429,646)		(12,526,126)
Ⅴ. 매각예정분류기타자본항목(주석26)				23,797
자 본 총 계		132,807,501		136,428,255

삼성전자 2016년 분기보고서 재무상태표 일부

삼성전자 재무상태표의 자본 항목에서 이익잉여금과 주식발행초과금을 찾습니다. ① 이익잉여금 138조 9,357억 원, ② 주식발행초과금(자본잉여금) 4조 4,038억 원입니다. 이를 합하면 삼성전자의 사내유보금은 143조 원 정도라고 말할 수 있나요? 그렇다면 삼성전자가 회사에 143조 원의 현금을 쌓아두고 있는 걸까요?

아닙니다. 흔히 사내유보금이라고 오해받는 이익잉여금은 삼성전자라는 기업이 사업을 시작한 날부터 지금까지 벌어들인 이익을 차곡차곡 쌓아놓은 총합을 말합니다. 따라서 이익잉여금 138조 원은 삼성전자가 창립한 1969년 이후 지난 48년간 벌어들인 이익의 합계일 뿐 쌓아둔 현금이 아닙니다.

그렇다면 삼성전자가 실제 보유하고 있는 현금을 살펴봅시다. 삼성전자가 보유한 현금은 재무상태표의 현금및현금성자산이라는 계정에서 확인할 수 있습니다 (QR코드 참조). 삼성전자는 2016년 3월 31일 기준 6,067억 원의 현금을 갖고 있습니다. 그러나 삼성전자가 이 현금을 회사 금고에 넣어두진 않았겠죠? 우리도 가진 현찰을 모두 집에 쌓아두진 않습니다. 큰돈은 은행에 넣어두고 필요할 때마다 찾지요. 기업도 마찬가지입니다. '현금및현금성자산'은 바로 현금화할 수 있는 자산을 뜻합니다. 뉴스에선 삼성전자의 사내유보금이 143조 원이라고 했지만 실제 현금으로 가진 돈은 6,067억 원에 불과합니다.

좋은 부채와
나쁜 자본

"정 대리, 대박 날 사업 아이템이 있거든. 들어볼래?"

"야! 무슨 그런 이야기를 '초대박 꼼장어' 집에서 기름장 칠할 때 하고 난리야."

"동기니까 알려주는 거야. 잘 들어봐. 어쩌고저쩌고……. 어때?"

"오, 솔깃한데. 근데 그럼 회사는 그만둘 거야?"

"회사? 다니면서 할 순 없겠지?"

"그렇지. 너 나가서 잘해봐. 그리고 나도 좀 투자하자."

'응? 뭐? 투자? 투자하란 이야기는 아닌데.'

만약 100% 성공할 것 같은 사업 아이템이 있다면 사업자금을 어떻게 마련할 것인가? 가진 돈이 부족한 게 가장 큰 고민거리일 것이다. 은행에서 빌릴지, 돈 많은 친구에게 전화할지 생각이 많을 것이다. 그런데 자금을 조달할 때 대출과 투자가 똑같다고 생각한다면 사업을 시작할지 다시 생각해봐야 한다.

"누가 내 돈 갖고 장사하나? 다 남의 돈 빌려서 하는 거지"라는 흔한 말 속에도 곰곰이 생각해볼 회계적 사고가 녹아 있다.

좋은 부채도 있다

사업 아이템의 성공 가능성이 크다면 어떻게 해야 할까요? 우선 투자 제안을 거절해야 합니다. 도대체 무슨 소리냐고요? 다들 돈을 빌려서 사업을 시작하는 것 같지만, 돈의 출처가 부채와 자본 둘 중 어느 쪽인가에 따라 상황은 완전히 달라집니다.

사업을 시작할 때 내 돈만 갖고 시작하는 경우는 드뭅니다. 어디서든 초기 자본을 조달해야 합니다. 이때 이익이 날 가능성이 높은 사업이라면 가능한 한 빌리는 돈을 줄이고 시작해야 합니다. 그래야 사업으로 얻는 이익을 온전히 내 몫으로 만들 수 있습니다.

만약 자금이 부족하다면, 투자를 받을 것이냐 부채를 질 것이냐 판단할 필요가 있습니다. 성공 가능성이 높은 아이템이라면 금융권에서 부채를 빌리는 편이 보다 유리합니다. 약정된 이자만 내면 되기 때문입니다. 반면 투자를 받을 경우, 투자 조건에 따라 '투여된 금액'의 크기만큼 이익을 나눠야 합니다.

예를 들어봅시다.

10억 원의 사업자금이 필요합니다. 가진 자본이 6억 원밖에 없어서 친구에게 4억 원을 투자 받았습니다. 이런 경우, 일반적으로 친구에게 사업에 대한 지분 40%를 약속해야 합니다. 1년 뒤 사업이 번창해서 20억 원의 이익을 냈습니다. 은행 대출을 받았다면 4억 원에 대한 1년치 이자만 부담하면 되지만, 지분을 소유한 투자자(친구)에게는 이익의 40%인 8억 원을 배당해야 합니다.

기업은 '미래가치'를 위해 자산을 활용해서 사업을 추진합니다. 자산은 부채와 자본으로 마련합니다. 부채와 자본은 구별된 것처럼 보이지만, 막상 사업을 시작하면 마구 뒤섞이기 시작합니다. 회사를 굴러가게 만드는 자금은 자본과 부채가 합쳐진 혼합 연료라고 할 수 있습니다. 따라서 경영자는 혼합 연료의 비율을 놓고 고민해야 합니다. 사업에 필요한 자금의 조달과 운용이 이익의 품질을 결정하기 때문입니다. 이때 회계는 이 같은 판단을 돕는 나침반 역할을 합니다.

따라서 재무제표를 통해 회사를 평가할 경우, 회사의 자본이나 부채의 크기만 봐서는 안 됩니다. 상호관계와 비율을 살펴야 합니다. 남의 돈(부채)이라고 해서 다 나쁜 것은 아닙니다. 투자 받은 자금, 즉 자본이라고 해서 꼭 좋은 것만도 아닙니다. 빌린 돈을 지렛대 삼아 이익을 창출하는 레버리지 효과를 생각하면 부채라고 해도 다 나쁘다 할 순 없겠죠.

부채

어쨌거나 부채는 갚아야 할 빚입니다. 재무상태표의 부채 항목은 크게 유동부채와 비유동부채로 나뉩니다. 이 둘은 '상환 시점'으로 구분할 수 있습니다. 보통 1년 안에 갚아야 부채를 유동부채라고 합니다. 매입채무, 미지급금, 선수금, 예수금, 미지급비용, 단기차입금, 유동성장기차입금 등의 계정과목이 유동부채에 속합니다. 상환 시점이 1년 이상인 부채는 비유동부채로 분류합니다.

아성다이소(이하 다이소)의 재무상태표를 보며 부채에 대해 더 알아볼까요. 다이소는 '1,000원 백화점'으로 유명한 저가형 생활용품점 다이소를 운영하는 회사입니다. 다이소는 2016년 기준 자산 규모 5,363억 원, 매출 1조 3,055억 원을 기록한 튼튼한 기업입니다.

다음 페이지에 다이소의 재무제표를 봐주세요.

주식회사 아성다이소		제25(당)기		제24(전)기	(단위 : 원)
부채					
Ⅰ. 유동부채			237,884,601,044		214,864,326,046
❶	1.매입채무(주석9,17,20)	137,269,188,482		127,429,027,841	
❷	2.미지급금(주석17,20)	30,943,778,547		16,989,918,598	
❸	3.선수금	82,037,000		494,915,482	
❹	4.예수금	886,668,696		1,017,089,604	
	5.예수보증금(주석20)	15,219,000,000		10,264,000,000	
❺	6.미지급비용(주석17,20)	35,424,971,608		37,110,570,675	
	7.당기법인세부채(주석12)	18,058,956,711		14,892,137,182	
	8.유동성장기차입금 (주석6,20)			6,666,666,664	
	Ⅱ. 비유동부채		46,776,985,816		30,938,297,637
	1.임대보증금(주석17,20)	3,610,632,000		3,625,632,000	
	2.이연법인세부채(주석12)	449,464,225		428,255,978	
❼	3.퇴직급여충당부채(주석7)	34,377,654,380		26,550,854,760	
	퇴직금연금운용자산	(34,377,654,380)		(25,775,507,102)	
❻	4.충당부채(주석8)	2,716,889,591		775,728,669	
	5.장기차입금(주석6,20)	40,000,000,000		25,333,333,332	
	부채총계	★	284,611,586,860		245,802,623,683

아성다이소 2016년 감사보고서 재무상태표 일부

이 회사의 부채는 어떨까요? 부채 총계는 ★2,846억 원입니다. 총합만 보면 부채가 자산의 절반 수준입니다. 세부적인 부채 항목을 보면서 어떤 빚이 있는지 살펴봅시다.

먼저 1년 안에 갚아야 하는 유동부채부터 보시죠. ① 매입채무는 거래처에서 구매한 상품에 대한 대가입니다. 다이소는 상품을 사서 판매하는 유통업체입니다. 외상 거래로 아직 거래처에 갚지 못한 대금을 매입채무로 기록합니다.

②미지급금은 매입채무와 비슷한데, 상품이나 제품을 뺀 용역, 서비스에 대해 지불해야 하는 돈입니다.

③선수금은 '착한 부채'라고도 불립니다. 그 이유는 빚은 맞는데 현금으로 갚는 게 아니라 용역이나 서비스로 지급하는 부채이기 때문입니다. 거래처가 우리 회사에 미리 일시불로 현금을 지급합니다. 회사는 앞으로 제공해야 할 용역과 서비스가 남아 있기 때문에, 이를 부채로 보고 장부에 선수금으로 기록합니다. 이처럼 선수금은 이미 발생한 매출에 대한 용역·서비스 제공 의무분으로 확보된 매출이라고 볼 수 있습니다.

④예수금은 신원보증금처럼 임시로 보관하는 금액입니다. 앞으로 내줄 돈이니 부채입니다.

⑤미지급비용은 보험료라고 이해하면 쉽습니다. 자동차 보험은 보통 1년 정도 보장받습니다. 이는 가입일 기준으로 계산한 것인데, 보통 회사의 결산일과는 다를 수 있습니다. 보험 혜택 기간과 돈을 줘야 할 날짜가 다를 경우, 부채로 잡습니다.

갚아야 할 기간이 1년 이상인 비유동부채 항목 중 ⑥충당부채는 재미있는 부채입니다. 손실에 관한 부채이기 때문입니다. 충당부채란 앞으로 손실이 발생할 것이 확실한 경우, 이에 미리 대비해 장부에 기록하는 항목입니다. 예를 들어, 제품 보증이나 환불은 매년 총매출액의 몇 퍼센트 정도 발생할지 예측할 수 있습니다. 이런 경우, 충당부채로 미리 잡아둡니다. 퇴사자를 고려한 ⑦퇴직급여충당부채도 동일한 논리를 적용합니다. 회계 정보 이용자에게 충당부채는 매우 유용한 정보입니다. 매년 주기적으로 발생하는 회사의 손실을 예측해볼 수 있기 때문입니다.

부채 항목의 구성을 구체적으로 살펴봤습니다. 부채의 총합만으로 회사가 갚을 빚을 단정 지으면 안 된다는 것을 아시겠죠? 다만 단기차입금, 장기차입금, 유동성장기차입금은 말 그대로 은행, 각종 금융기관 등에서 빌려온 돈입니다. 이것들이야말로 주의해서 관리해야 할 빚이지요. 그러나 선수금, 매입채무 등은 다른 시각으로 봐야 합니다. 매출액이 증가하면서 선수금, 매입 채무의 크기가 늘어나고, 그 결과 부채 총합이 증가했다면? 이런 경우, 부채가 늘어났다고 해도 위험한 기업이라고 말할 순 없습니다.

매입채무 : 거래처에서 구입한 재화나 용역에 대한 채무
차입금 : 단기차입금, 기차입금 등 원금 상환과 함께 일정한 이자를 지급한다는 조건하에 빌린 돈
미지급금 : 회사의 일반적인 상거래 외에 발생한, 아직 갚지 못한 채무
미지급비용 : 제공받은 용역에 대해 아직 지급기일이 도래하지 않은 비용
선수금 : 용역이나 상품의 대가를 분할해 받기로 했을 때 먼저 수령하는 금액
예수금 : 거래와 관련해 임시로 보관하는 자금
대손충당금 : 지출 시기나 금액은 불확실하지만 자원이 유출될 가능성이 매우 높은 금액

동네 치킨집 사장님이 재무제표를 쓴다면

매입채무 : 생닭을 대주는 도매상에게 3개월 단위로 줘야 할 재료비
차입금 : 치킨집을 차릴 때 은행에서 빌린 보증금 1억 원
미지급금 : 인수하기 전 치킨집이 분식집이어서 가게 인테리어를 새롭게

한 뒤 아직 다 주지 않은 인테리어 대금

미지급비용 : 치킨집에 화재가 나면 피해가 클 것으로 보여 지난해 3월에 1년짜리 보험을 들었는데, 내년도 분으로 미리 빼놓은 보험금

선수금 : 치킨집 앞 햄버거집 사장이 매달 회식한다고 치킨 12번 살 값으로 미리 준 돈

예수금 : 대학교 축제 기간에 튀기는 장비를 빌리며 맡겨둔 돈, 혹시 장비를 받지 못할 경우에 대비해 보증금 형식으로 맡아둔 돈

충당부채 : 3~4년 치킨집을 운영하다 보니 받지 못한 외상이 매년 전체 매출의 3% 정도. 해마다 이 정도 손실이 발생할 것으로 예상돼 미리 장부에 반영해둠

자본

부채와 달리 자본은 분류 항목이 적습니다. 호주머니 속 돈이라 굳이 자세히 구분할 필요가 없어서 그럴지도 모릅니다. 남의 돈이나 상대적으로 꼼꼼히 관리해야 하는 부채에 비해 그렇다는 말입니다.

처음 사업을 시작할 때, 내가 가지고 있었던 돈을 납입자본(자본금)이라고 합니다. 그 외에는 스스로 벌어들인 돈과 추가로 투자받은 돈으로 나눌 수 있습니다. 기업은 사업을 통해 벌어들인 돈을 주주에게 배당하기도 하지만, 상당 부분 재투자하거나 적립합니다. 스스로 벌어 자산을 확충하는 투자는 자본 중 이익잉여금 항목에 해당합니다. 쉽게 말해, 이익을 재투자한 기록인데, 사업 개시일부터 지금까지 회사가 벌어 남긴 이익의 총합으로 이해하면 됩니다.

자본잉여금은 주주와 회사의 주식 거래로 생긴 변화를 기록한 것입니다. 회사가 새로 주식을 발행해서 투자금이 유입될 경우에 사용합니다. 이와 관련, 흔히 볼 수 있는 주식발행초과금은 회사가 주식을 발행했을 때 주식 액면가액과 실

제 발행가의 차이를 나타내는 항목입니다.

자본금 : 기업의 소유자가 사업 밑천으로 기업에 제공한 금액(납입자본)
자본잉여금 : 자본거래에 의한 잉여금. 주식발행초과금, 감자차익 및 기타 자본잉여금 등
이익잉여금 : 기업 영업활동을 통해 생긴 순이익 중 배당이나 상여 등의 형태로 사외로 유출시키지 않고 사내 유보한 금액
자본조정 : 자본금 및 자본 또는 이익잉여금이 아닌, 자기주식 및 유가증권평가손익 등

동네 치킨집 사장님이 재무제표를 쓴다면

자본금 : 임대보증금, 인테리어 등 치킨집을 시작하는 데 든 2억 원 중 내가 댄 1억 원
자본잉여금 : 6개월 정도 치킨집을 운영하다 보니 가게를 터서 확장하려고 여유자금이 있다는 친구에게 투자받은 1억 원
이익잉여금 : 1년 뒤 월급과 모든 비용을 충당하고도 남은 5,000만 원. 다른 데 쓰지 않고 가게 앞 차양막과 테이블을 구입으로 재투자한 이익금

기업 입장에서 볼 때 자본은 부채에 비해 책임이 덜합니다. 기업에 자본을 투자한 주주도 책임을 함께 나누어지기 때문입니다. 예를 들어, 돈을 빌려준 채무자는 경영 손실에 상관없이 부채의 상환을 요구할 수 있습니다. 하지만 주주는 적자로 인한 손해를 함께 부담해야 합니다. 게다가 회사가 부도라도 나면 주주보다 부채를 준 채권자가 더 보호를 받습니다. 이렇듯 책임을 더 지는 만큼 주주는 자산이 가진 지분만큼 이익을 가져갈 수 있습니다.

주주들이 관심 갖는 **자기자본이익률**(ROE : 순이익/자기자본×100)이라는 지표가 있습니다. 자본을 댄 주주는 이익에 신경쓰게 마련입니다. 주주는 당연히 경영자의 재투자와 신규 사업 진출에 관심을 갖게 됩니다. 투자자가 경영자에게 위임한 자금은 기업의 자기자본으로 구분할 수 있습니다. 자기자본이라고는 하지만, 투자자는 경영자와 달리 단기적인 이익만 추구할 수도 있습니다. 기업이 열심히 일했는데 그건 무시하고 이익만 쏙 빼먹으려 한다면, 이런 경우 투자자의 자본은 나쁜 자본이라고 부를 수 있지 않을까요? 반대로 주주의 이익을 무시하고 회사 경영을 독단적으로 처리하는 오너 경영자도 있습니다. 이렇듯 상황과 입장에 따라 똑같은 자본이라도 좋은 자본, 나쁜 자본으로 달리 볼 수 있습니다.

영구채 논란 : 자본일까, 부채일까?

　자본과 부채와 관련해 재미있는 사례가 하나 있습니다. 2002년 두산인프라코어가 발행한 영구채가 바로 그것입니다. 두산인프라코어 덕분에 영구채라는 생소한 회계 용어가 유명해졌습니다.

　영구채는 회사가 발행하는 채권의 일종입니다. 채권은 정부, 공공단체, 주식회사 등이 거액의 자금을 조달하기 위해 발행하는 일종의 차용증서입니다. 회사가 발행하기 때문에 회사채, 사채라고 부릅니다. 채권은 상환 기한이 정해져 있는 기한부 유가증권입니다. 그런데 두산인프라코어가 유효 기간이 영원한 채권을 만들었습니다. 채권은 갚아야 할 부채인데, '영원히'라는 조건 때문에 영구채를 자본으로 볼 것이냐, 부채로 볼 것이냐는 논란이 일어났습니다.

　기업이 대규모 자본을 조달하는 방법은 크게 세 가지입니다. 채권 발행, 은행 대출, 주주로부터 자본을 투자받는 유상증자.

　채권과 대출은 부채이고, 유상증자는 자본입니다. 채권, 대출, 유상증자 모두 외부에서 자금을 조달하지만, 갚는 조건에 따라 재무제표에 구분해서 기록해야 합니다. 따라서 영구채를 자본과 부채 어디에 놓느냐에 따라 부채비율이 달라질 수 있는 것이지요.

　결국 이 문제를 해결하기 위해 한국회계기준원까지 등장합니다. 한국회계기준원은 영구채를 자본으로 분류할 수 있다고 유권해석을 내렸습니다. 영구채는 회사에 발행한 사채처럼 '네이밍'되었지만, 기간을 '영원히' 가능하도록 '만기연장' 조건이 붙어서

부채와 자본의 속성을 모두 가지고 있다고 본 것입니다.

두산인프라코어는 영구채를 발명(?)해서 필요한 자금을 조달하고 부채비율을 낮추는 효과를 얻었습니다. 당시 부채비율이 높았던 두산인프라코어로선 신의 한 수였던 셈이죠. 기업 재무건전성 지표 중에 빼놓지 말아야 할 것이 부채비율입니다. 부채비율이 높으면 회사 신용도가 떨어지는데, 신용도에 따라 은행에서 대출을 받을 때 높은 이자율을 부담해야 할 수도 있습니다. 건설업 같은 수주산업의 경우, 입찰 조건에 낮은 부채비율이 포함되기도 합니다.

두산인프라코어는 영구채를 발행함으로써 빚은 지지만 갚을 기간을 무한대로 늘여놓았습니다. 일거양득이지요. 물론 영구채에는 복잡한 계약 조건과 다양한 안전장치가 마련되어 있습니다. 어쨌건 간에 신통한 채권이라고 할 수 있습니다.

영구채가 아니더라도 자본과 부채를 넘나드는 자본 조달 방법은 또 있습니다. 전환사채, 신주인수권부사채 등이 그것입니다. 이것들은 일정 시점에 부채에서 자본으로 변하도록 약속된 회사채입니다. 회사 입장에서 영구채는 자본과 부채 사이의 경계를 넘나드는 '끝판왕'이라고 할 수 있습니다.

회계어 절대로
외우지 마라

"김 과장님, 안녕하세요. 홍보팀 이 대리입니다. 신입사원 연수용 교재를 만든 비용은 어떻게 처리해야 하나요? 교육 훈련비인지 도서 인쇄비인지 헷갈려서요."

"회계팀은 계정과목을 알려주는 부서가 아닙니다. 업무 연관성을 판단하시고, 그래도 모르겠으면 부서 매뉴얼을 확인하십시오. 아, 그리고 저는 홍 대리입니다."(딸칵)

"……."

"박 선배, 회계팀은 왜 그렇게 까칠해요? 그냥 좀 가르쳐주면 어디 덧나나? 근데 엄청 신기하네. 홍 대리 목소리가 김 과장님과 똑같던데요."

"홍 대리? 김 과장 부사수야. 사수 따라 가는 거지, 뭐. 인사과 최 대리 알지? 박 과장 바로 밑에 있는……. 이젠 느끼한 것도 닮아가더라."

"까칠한 것까진 닮을 필요 없잖아요. 회계팀이랑 통화하면 가끔 외국 사람이랑 말하는 거 같아요. 역분개해서 미지급을 잡고 어쩌라고 하는데 좀체 못 알아듣겠어요. 계정과목은 늘 헷갈리고요."

"우리 부서에서 쓰는 계정과목만 반복해서 사용하니깐 회계 실력이 늘기 어렵지. 영어 시간에 배운 접두사, 접미사 기억나? 계정과목도 비슷해. 회계 접두사 몇 개만 알아도 대강의 의미를 알 수 있어."

"회계 접두사요? 그런 게 있었어요?"

계정과목의 족보

학창 시절, 어휘력을 늘리려고 영어 단어책을 사서 옆에 끼고 다니며 외웠던 기억이 있으신가요? 수많은 단어를 달달 외워도, 막상 영작을 할 때는 암기한 단어들을 활용하기가 좀처럼 쉽지 않습니다. 영어의 달인들은 그래서 무작정 단어를 암기하기보다는 실제 상황 속에서 다양한 단어를 사용해보고 단어 앞에 붙는 접두사의 뜻을 이해하고 응용하라고 조언합니다. 처음 보는 단어도 접두사를 통해 그 뜻을 어렴풋이나마 짐작할 수 있다는 것이지요. 회계도 마찬가지입니다.

회계팀이나 경리부서에서 듣도 보도 못한 회계 용어로 설명하는 것을 듣다 보면, 회계 초보자는 해석하는 것은 둘째 치고 듣고 있기조차 힘듭니다. 회계어(語)를 일상어로 풀어주는 번역기가 있으면 좋겠다는 생각까지 듭니다.

방법이 없을까요? 공부에는 왕도가 없다고 하지만, 회계접두사는 알고나면 회계어를 굳이 다 외울 필요가 없습니다.

하지만 지름길을 이용하더라도 뿌리가 되는 회계 용어는 알고 있어야 합니다. 특히 장부를 기록할 때 반드시 사용되는 계정과목은 더욱 그렇습니다. 회사 생활에서 이뤄지는 모든 일상적인 거래 내용은 정해진 계정과목을 통해 분리되고 장부에 입력됩니다. 아래 예시를 통해 일상어가 회계어로 표현되는 사례를 살펴봅시다.

"이번에 입사한 신입연구원을 환영하는 부서 회식을 했습니다."
"거래처 사장님과 입찰 논의를 위해 점심식사를 했습니다."
"○○회사에서 상품을 가져오고 세금계산서를 받았습니다."

회사 업무에 사용된 비용(돈)은 모조리 장부에 기록됩니다. 그래야 절차에 따라 사용한 금액을 돌려받거나, 거래처에 대금을 입금해줄 수 있습니다. 지급결의서 또는 전표를 작성할 때는 상황에 맞는 계정과목으로 정리해야 합니다. 아래 사례는 대략 차례대로 복리후생비, 접대비, 외상매입 계정과목으로 정리, 기록할 수 있습니다.

내용	계정과목
신입연구원 회식 20만 원	복리후생비 20만 원
거래처 사장과 회의 5만 원	접대비 5만 원
거래처 상품 매입 300만 원	외상매입 300만 원

계정과목에 익숙한 분들도 있겠지만, 일상적으로 쓰는 표현이 아니다 보니 당황스러운 분도 많을 겁니다. 회계부서에서 근무하지 않는다면 가끔 회계 처리를 하다 보니 듣고도 잊어버리는 경우가 많습니다. 그런데 꼭 계정과목의 뜻과 쓰임을 일일이 다 외워야 할까요?

우선 계정과목은 절대로 단순 암기할 사항이 아니라는 점만 알아둡시다. 보통 직장인은 한 달에 적게는 한두 개, 많게는 대여섯 개의 계정과목을 접합니다. 이 정도면 메모해두고 찾아봐도 되는 수준입니다. 하지만 처음 접하는 계정과목 때문에 탁 막힐 때가 있습니다. 그럴 땐 포털 사이트에서 검색하면 자세한 설명을 볼 수 있습니다.

굳이 시간을 들여 계정과목을 기계적으로 암기하거나 공부하더라도 실무에선 그다지 도움이 되지 않습니다. 위에 소개한 세 건의 사례에 대해 계정과목을 정리하면서 '대략'이라고 한 이유가 있습니다. 계정과목은 각각 명확한 개념 정의가 있지만, 적용할 때는 회사마다 각자의 규칙에 따라야 합니다.

계정과목에 대한 일반적인 이해도 중요하지만, '로마에선 로마법'을 따라야 하듯 회사 선배나 회계팀 실무자에게 계정과목을 어떻게 적용하는지 그 실제 적용법을 배워야 실수를 줄이고 보다 정확히 처리할 수 있습니다. 일상적인 회계 처리 업무는 자신이 근무하는 부서 것만 알아도 충분합니다. 하지만 지금 이 책을 든 여러분은 회계 공부를 제대로 해보겠다고 마음먹었으니, 조금 더 관심을 갖고 이해하도록 노력해봅시다. 물론 그렇다고 해서 절대로 암기하란 뜻은 아닙니다.

흔히 직장인들은 전표 작성, 지출결의서 처리 등의 회계 처리 시 계정과목을 사용합니다. 그런데 "계정과목이 뭔지 아세요?"라고 물으면 제대로 답하지 못하는 경우가 부지기수입니다. 회계 처리를 기계적으로, 시키는 대로, 늘 하던 대로 하다 보니 그게 계정과목인지도 모르는 것이지요. 이런 경우 아주 간단하게 변형하기만 해도 어렵게 느낍니다. 계정과목은 회계적 단어라기보다 실무와 관련된 회사어로 인식해야 합니다. 이해를 돕기 위해 일반적으로 사용하는 부서별 계정과목을 표로 정리해보았습니다.

팀별	필수 계정과목(회계 용어)
영업팀	외상매출금, 대손상각비, 판매촉진비
생산	원재료비, 급료및수당, 감가상각비, 수도광열비
연구개발	경상개발비, 무형자산-개발비
인사	급료및수당, 교육훈련비, 복리후생비
총무	유형자산, 비품비, 임차료, 보험료
홍보	광고선전비
물류	재고자산, 운반비, 외상매입금

재무제표 읽기는 회사 전체의 흐름을 회계적으로 이해하는 과정입니다. 특징을 알고 나면 계정과목도 암기하기보다 이해하는 쪽으로 접근할 수 있습니다. 중학교 생물 시간에 생물 분류 체계인 '종속과목강문계'를 배운 기억이 있을 겁니다. 계정과목도 이처럼 대분류, 중분류, 소분류로 나뉘어 있습니다. 재무상태표

의 세 가지 대표계정인 자산, 부채, 자본은 계정과목의 가장 첫 단계 분류입니다. 자산과 부채는 각각 유동과 비유동 등 하위 계정과목으로 나누어집니다. 손익계산서의 수익과 비용도 마찬가지입니다. 그림으로 표현하면 아래와 같습니다.

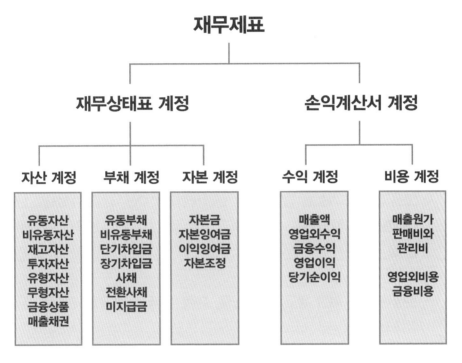

재무제표 계정과목 분류

대략의 구조만 눈에 익히라고 하면 백이면 백 "뭐야, 그래도 알아야 하는 게 저렇게 많아?"라는 반응을 보입니다. 게다가 동일 업종이라도 회사마다 계정과목을 다르게 적용하니 이것이 표준이라고 말하기도 어렵습니다. 즉, 고정적이지 않고 회사의 재무 상황에 따라 맥락을 파악하는 느낌으로 재무제표를 읽어야 합니다. 여기서 중점을 두어야 할 것은 계정과목이 어떤 구조를 가졌는지, 어느 대분류(자산, 자본, 부채, 수익, 비용)에 속하는지 파악하는 것입니다.

계정과목 핵심 정리

　재무상태표의 계정과목은 유동성 순서대로 배열합니다. 유동성 순서대로란 말은 빨리 팔 수 있는 순서대로 위에서부터 아래로 적는다는 뜻입니다. 크게 유동과 비유동으로 나눠 소계를 내는데, 구성 요소인 계정과목을 재무제표에 등장하는 순서대로 한 줄 요약하면 다음과 같습니다.

▶미래에 이익이 되는 자산

● 1년 안에 팔 수 있는 유동자산

- 바로 현금화 가능한 **당좌자산** : 현금및현금성자산, 단기금융상품, 단기매매증권, 매출채권, 단기대여금, 미수금, 미수수익, 선급금, 선급비용 등

- 판매 목적을 위한 **재고자산** : 상품, 제품, 반제품, 재공품, 원재료, 저장품 등

● 1년 이상이 지나야 팔 수 있는 비유동자산

- 타 회사 지배나 투자 목적의 **투자자산** : 장기금융상품, 만기보유증권, 장기대여금, 지분법적용투자주식, 투자부동산, 매도가능증권

- 영업활동 영위 및 지원을 위해 보유하는 **유형자산** : 토지, 건물, 구축물, 기계장치, 선박, 차량운반구, 건설 중인 자산, 비품, 공구와 기구

- 식별 통제 가능하고 미래 경제적 효익이 있는 **무형자산** : 산업재산권, 라이선스와 프랜차이즈, 저작권, 개발비, 영업권 등

- 투자, 유형, 무형자산에 속하지 않는 **기타비유동자산** : 임차보증금, 이연법인세자산, 장기매출채권 및 장기미수금 등

▶남의 돈 부채

- 1년 이내에 갚아야 하는 **유동부채** : 매입채무, 단기차입금, 미지급금, 선수금, 예수금, 미지급비용, 미지급법인세, 유동성장기부채, 선수수익 등

- 1년 후에 갚아야 하는 **비유동부채** : 사채, 장기차입금, 장기성매입채무, 장기지급금, 퇴직급여충당부채, 이연법인세부채 등

▶내 돈 자본 : 자본금, 자본잉여금, 이익잉여금, 자본조정

손익계산서는 한 회계연도 동안의 회사 경영 성과를 나타내는 재무보고서입니다. 재무상태표에 비해 계정과목이 많진 않습니다. 회사에 따라 큰 차이도 없습니다.

다만 매출액만 회사마다 달리 표기하기도 합니다. 제조업, 판매업 및 건설업 외의 회사, 특히 서비스업, 금융업은 매출액 대신 영업수익을 표시하며, 매출총이익을 재무제표에 표시하지 않습니다. 대개 매출액, 매출원가, 매출총이익(또는 손실), 판매비와 관리비, 영업이익(또는 손실), 영업외수익, 영업외비용, 법인세비용차감전순이익(또는 손실), 법인세비용, 당기순이익(또는 손실) 등의 계정과목을 사용합니다.

회계 접두사를 알면 회계어가 쉽다

회계 접두사만 잘 익혀도 재무제표 읽는 속도를 눈에 띄게 높일 수 있습니다. 재무상태표와 손익계산서의 계정과목을 유심히 살펴보면, 자주 나오는 단어들이 보입니다. 접두사, 접미사처럼 계정과목 앞뒤 붙는 단어입니다. 이들 회계 접두사, 접미사만 보고도 계정과목이 대충 어떤 의미인지 추측할 수 있습니다.

자산이나 부채 항목을 크게 양분하는 유동과 비유동은 대표적인 회계 접두사입니다. 유동, 비유동은 1년이라는 기간을 기준으로 나뉩니다. 1년 안에 현금화되면, 1년 이상 걸리면 비유동이 붙습니다. 즉, 유동자산은 1년 안에 팔 수있는 자산이고, 비유동자산은 1년이 지나야 팔 수 있는 자산입니다. 이를 응용해보면 유동부채는 '1년 안에 갚아야 할 빚'이고, 비유동부채는 '1년 지난 뒤 갚아야 할 빚'이라고 할 수 있습니다. 유동과 비유동이라는 회계 접두사만으로도 네개의 계정과목이 풀이됩니다. 이렇게 정리할 수 있는 회계 접두사는 다음과 같습니다.

유동/비유동 1년 안에
당기 이번 기에
이연 내년에
미지급 아직 안 준
미수 아직 못 받은
선수 미리 받은
충당 모자란 걸 채워 넣음
상각 보상하여 갚아줌
손상 가치가 낮아짐

회계 접두사 중 충당을 예로 들어봅니다. 대손충당금, 충당부채에 붙어 있는 '충당'은 모자란 것을 메워 넣어야 한다는 의미입니다. 기존 가치가 하락했을 때 그 값을 채워놓기 위해 사용하는 회계 접두사이지요.

재무제표를 읽다 보면 가장 많이 보게 되는 계정과목이 대손충당금*인데요, 회계 접두사를 바탕으로 이를 해석해봅시다. '대손'의 뜻은 외상 매출금, 대출금 따위를 돌려받지 못해 손해를 보는 것을 의미합니다. '대손+충당+금'은 쉽게 말해 외상값 중 떼일 돈을 예측해 장부에 미리 채워놓은 금액입니다. 회계 사전의 정의보다 이해하기 쉽지 않습니까?

대손충당금
재무상태표에 자산으로 표기되는 받을 어음, 외상매출금, 대출금 등 채권에 대해 사전에 공제하는 형식으로 계산된 금액. 대손충당금은 회수 불가능한 채권이 예상될 때 사용한다.

'이연'도 많이 쓰이는 회계 접두사입니다. 이연은 내년으로 시기를 미루거나 넘긴다는 의미입니다. 이연법인세, 이연부채 등 재무제표에도 은근히 많이 나옵니다. 이연법인세와 이연부채를 풀이해보면, 내년으로 넘길 법인세금과 내년으로 넘어가는 빚이라는 뜻입니다.

이 밖에도 미지급, 미수, 선수, 상각, 손상 등 자주 쓰이는 회계 접두사를 기억해두면 편리합니다. 회계 초보자는 이 10개 회계 접두사만 알아도 재무제표를 읽는 것이 훨씬 빨라집니다.

재무제표의 계정과목에는 의미를 축약한 한자어가 많이 쓰이며 대개 붙여쓰기합니다. 회계 접두사를 알고 나면 계정과목을 띄어쓰기 단위로 이해하는 데도 도움이 됩니다. 생소한 계정과목도 띄어서 읽으면 그 뜻이 눈에 쉽게 들어옵니다. 예를 들어, '매도가능증권'이라는 계정과목을 띄어쓰기 해서 읽어봅시다. '매도가능증권 → 매도∨가능∨증권'으로 말이죠. 자연스럽게 '매도 가능한 증권'이라는 뜻이 이해될 겁니다.

한자어 한 글자 차이로 헷갈리는 계정과목도 있습니다. 비슷한 용어이지만 뜻은 한 끗 차이로 정반대가 되기도 합니다. '선수금'과 '선급금'이 그렇습니다. 선수금(先受金)은 '먼저 받을 돈'을 뜻합니다. 미리 돈을 받았으니 뭔가 제품이나 서비스를 제공해야겠죠. 그러니 돈을 받긴 했지만 '줘야 할' 부채계정입니다. 반대로 선급금(先給金)은 내가 지불했지만, 앞으로 나에게 돌아올 재화가 있으니 자산계정입니다.

유동성장기부채를 정확히 설명한 것은 어느 것인가?

①1년 후에 갚아야 할 남의 돈
②1년 안에 갚아야 할 내 돈
③1년 후에 갚아야 할 내 돈
④1년 안에 갚아야 할 남의 돈

[정답] ④번, 유동성(1년 안에 갚아야 될 부채)+장기+부채(갚아야 될 남의 돈)

무형자산 : 형태가 없는 자산

김 기자 : 이 과장님, "특허권을 감가상각해 회계 처리한다." 이 말, 맞아요?

이 과장 : 감가상각이 아니라 '상각'이 정확한 표현이에요. 무슨 일 때문에 그러세요?

김 기자 : 특허권을 자기 회사에 판 사장님이 있더라고요. 회사 관계자에게 질문했더니 곧 기업공개를 할 예정이고, 회계 처리에도 문제없다고 하네요.

이 과장: 약간 냄새가 나긴 하네요. 기업공개 전에 특허권의 특수관계자 거래라니……. 혹시 회사가 얼마에 샀는지 취재하셨나요?

자산 중에 흔히 논란거리가 되는 계정과목이 무형자산입니다. 팔아서 돈이 되는 자산인데 눈에는 안 보이는 무형이기 때문이죠. 특허권, 산업재산권, 영업권이 대표적인 무형자산입니다. 위의 사례에서는 "특허권인 무형자산을 상각한다"고 했습니다.

눈에 보이는 유형자산의 경우, 최초 구입가격이 명확합니다. 또한 산 뒤에는 그 가치가 줄어드는 과정을 장부에 기록하는 회계 처리 방식도 있습니다. 유형자산의 사용 기간은 '내용연수'로 정하고, 일정 기간에 걸쳐 가치를 낮추는 상각 과정을 거칩니다. 이는 재무제표상의 최초 구입 비용인 숫자를 현실적으로 만듭니다.

무형자산도 유형자산처럼 기간을 정할 수 있습니다. 예를 들어, 5년짜리 사용권이 있는 특허권이라면 '5년'이 내용연수가 됩니다. 기간을 정할 수 없으면 매년 가치가 어떻게 변했는지 그때마다 계산해(손상가치평가) 재무제표에 반영합니다.

이 과장 : 무형자산인 특허권의 상각처리는 가능해요. 그보다는 사장님의 특허권을
회사가 과한 값을 주고 산 것은 아닌지 궁금하네요.

김 기자 : 회사 측은 장기적인 관점에서 볼 때 그 특허권이 회사에 귀속되어야 한다
고 판단했다고 하더라고요. 당연히 값은 객관적으로 정확히 매겼다고 하
고요.

재무제표는 연결되어 있음을 기억하라

"이 대리, 알지? 알지? 꼭 해줘. 믿고 간다."

영업팀의 유 과장이 한참 하소연을 하고 사라진다.

"유 과장님만 다녀가면 제 정신이 안드로메다로 가는 기분이에요. 정말 정신없어."

"왜 그래? 유 과장, 사람 좋잖아!"

"좋으시죠. 그런데 업무 처리가 꼼꼼하신 거 같지는 않아요!"

이야기를 듣고 있던 옆자리 최 차장이 한마디한다.

"다른 부서 선배를 그렇게 평가하면 안 되지. 모름지기 직장 생활에선 두 가지만 잘하면 돼. 하나는 능력, 또 하나는 관계지. 둘 다 가진 자는 그야말로 직장의 신이라고 할 수 있어. 덜렁거리기는 해도 유 과장이 관계로는 모범형이야. 자기 부서 외에도 두루두루 친하지. 회사 돌아가는 흐름도 잘 알고. 회사 소식통으로 유 과장만큼 정확한 사람은 없을걸."

박 선배도 거든다.

"팀과 부서, 개인이 모두 다 따로 노는 것 같지만, '따로 또 같이'처럼 협력해야 회사가 성공할 수 있어. 어떤 관계로 얽혀 있는지 주의 깊게 보라고."

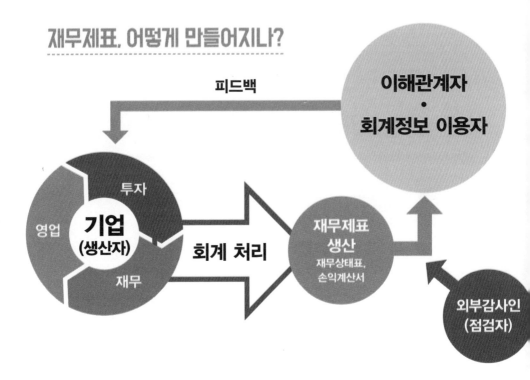

재무제표, 어떻게 만들어지나?

회계 정보는 기록, 정리, 보고(공시) 이 모든 과정을 거쳐야 재무 보고서로 인정받습니다. 재무제표와 연관된 이들은 재무제표 생산자, 점검자, 이용자로 나눌 수 있습니다. 위 그림은 회계 정보의 생산 과정을 도식화한 표입니다. 일반적으로 생산자와 점검자에 비해 회계 정보를 활용하는 이용자 수가 절대적으로 많습니다.

회계 정보의 생산자인 기업은 투자, 영업, 재무 활동을 기록, 분류, 요약해 재무제표를 만듭니다. 이때 재무제표는 다른 기업과 비교할 수 있도록 회계 기준을 따라 작성해야 합니다. 이렇게 기준에 맞춰 작성된 회계 정보(재무제표)는 이해관계자에게 공개되기 전 '외부감사인'의 점검 과정을 거칩니다. 한번쯤 들어보셨을 외부 회계감사가 바로 이 과정입니다. 회계감사를 통과한 재무제표만이 정보 이용자에게 공개됩니다.

회계 정보를 가치 있는 정보로 완성시키는 데는 1차적으로 기업의 역할이 크지만, 이를 이용하고 관심을 갖는 쪽은 회계 정보 이용자인 투자자, 채권자, 경영자, 정부기관, 종업원, 소비자, 거래처인 경우가 더 많습니다. 회계 정보 이용자는 재무제표가 제대로 만들어졌는지 읽고 생산자인 기업에 지속적인 피드백을 주어야 합니다. 투자자는 투자로, 정부는 감독 지침으로, 종업원과 거래처는 재무제표 생산자인 기업과의 직접적인 관계를 통해 끊임없이 내외부적인 자극을 주어야 하는 것이지요.

결론적으로 재무제표는 기업만 책임지는 단편적인 회계 정보가 아니라는 점을 기억해야 합니다. 회계 정보는 나눌수록, 다시 말해 세분화하고, 많은 관련자들이 공유할수록 그 가치가 커집니다. 재무제표를 만들고 보는 모든 이가 협력해서 만드는 공유 정보입니다.

센터는 재무상태, 좌현금우손익

재무제표는 서로 밀접하게 맞물려 있다고 한 말, 기억하시나요? 6강 재무제표 4대 천황에서 재무제표가 여러 개의 표로 구성되며, 기업의 재무 상태, 경영 성과는 하나의 표만으로는 설명하기에 부족하다고 했습니다.

보통 재무제표라고 하면 재무상태표(대차대조표), 손익계산서, 현금흐름표, 자본변동표* 네 가지를 기본으로 생각합니다. 이번 강에서는 주석을 뺀 나머지 세 가지 재무제표(재무상태, 손익, 현금흐름)의 '관계'를 집중적으로 소개하겠습니다.

> **자본변동표**
> 자본변동표는 자본금, 자본잉여금, 자본조정, 기타포괄손익누계액, 이익잉여금의 변동 내역을 나타내는 재무제표다.

우선 재무제표가 왜 여러 개의 표로 표현될 수밖에 없는지 살펴봅시다. 알고 보면 너무 당연한 이야기지만 이유는 간단합니다. '쓰는 회계', 즉 회계 정보 생산자가 만들 때부터 여러 개의 표로 회계 정보를 정리하기 때문입니다. 재무상태와 손익, 그리고 현금흐름은 구별해서 정리해야 할 만큼 기업의 중요한 세 가지 면입니다. 하루에도 수십 수백 건의 거래가 이뤄지고 이를 회계 정보로 정리해야 하는데, 각각의 측면에서 동시에 모든 데이터가 정확히 쌓일 리 만무합니다. 더욱이 재무상태와 손익, 현금흐름의 특징으로 볼 때 이들 데이터는 서로 합쳐질 수 없으며, 각기 만들어지는 과정 또한 매우 복잡합니다.

따라서 재무제표를 제대로 이해하려면 재무상태, 손익, 현금흐름이라는 각각의 표를 하나의 흐름으로 읽을 수 있어야 합니다. 그래야 입체적으로 해당 기업의 상태를 이해할 수 있습니다. 그렇다고 표의 세부 내용을 모두 다 이해해야 한다는 뜻은 아닙니다. 단, 세 가지 표의 관계는 대략적으로라도 알아야 합니다. 여기서 핵심은 세 가지 재무제표를 '연결 지어' 읽는 것입니다. 우선 세 가지 재무제표가 연결되는 '지점'부터 보겠습니다. 다음 페이지의 표를 봅시다.

재무제표의 관계는 재무상태표, 현금흐름표, 손익계산서 세 가지 표의 연결고리가 무엇인지 알고 나면 금세 파악됩니다.

먼저 재무상태표를 가운데 둡니다. 재무상태표는 '누적적인' 재무제표입니다. 여기서 누적이라는 말은 기업이 사업을 시작한 첫해부터 현 시점까지 자산, 자본, 부채의 드나듦이 차곡차곡 기록되었다는 의미입니다. 재무제표의 관계에서 그 중심에는 항상 재무상태표가 자리 잡고 있습니다.

오른편에 위치한 손익계산서의 당기순이익은 회사가 벌어들인 '내 돈'을 뜻합니다. 단기(1년간)의 이익은 재무상태표의 자본(내 돈) 항목의 이익잉여금으로 포함됩니다.

왼쪽에 있는 현금흐름표의 마지막에 있는 '기말현금'은 재무상태표의 자산 항목 중 가장 위에 위치한 '현금및현금성자산'과 일치합니다. 단기적인(1년간) 현금흐름표의 기말에 남은 현금은 유동성이 가장 빠른 재무상태표의 자산입니다.

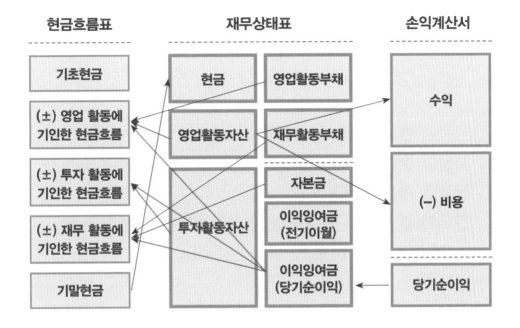

| 현금흐름표 | 재무상태표 | 손익계산서 |

여러 회계적 수치 때문에 숫자가 딱딱 맞아떨어지지는 않지만, 투자 활동에 따른 현금흐름의 금액은 자산의 변화와 연관이 있고, 재무활동에 따른 현금흐름은 당연히 부채와 관련이 있습니다.

다음으로 표와 표 사이를 잇는 연결선에 주목해주세요. 여러 개의 표를 한꺼번에 봐야 할 이유가 바로 여기 있습니다.

재무상태표, 현금흐름표, 손익계산서에 대해 다시 한 번 간략히 정리해봅시다. **재무상태표는 조달된 돈**(부채와 자본)**으로 무엇을 샀는지**(자산) **나타냅니다. 손익계산서는 매출 규모와 이익창출능력을 보여줍니다. 현금흐름표는 회사의 실제 현금 유출입을 나타냅니다.**

이처럼 재무제표는 회사의 이해관계자가 보라고 정리해둔 것입니다. 재무상태표는 회사의 자산가치 확인용, 손익계산서는 수익가치 확인용, 현금흐름표는 현금 보유능력 확인용입니다. 각각 회사의 여러 가지 면을 부각시키기 위해 만들어진 셈이죠. 하지만 반영하는 실체는 하나의 회사입니다. 자산가치의 변화는 수익 및 현금보유능력과 관련이 깊기 때문에 결론적으로 세 가지 표를 한꺼번에 놓고 살펴보아야 회사에 대해 제대로 파악할 수 있습니다.

자산의 변화는 재무상태표에 기록한다.
자산의 변화 중 판매를 통해 얻은 손실과 이익은 손익계산서로 계산해낸다.
그 사이를 돌고 도는 현금은 현금흐름표를 통해 확인한다.
→ 세 개의 표는 따로 또 같이 연결된다.

재무상태와 손익의 인과관계

재무제표는 보통 1년 단위로 작성되고 보고됩니다. 우리나라 기업은 대부분 12월 결산법인입니다(외부감사 대상 기업 중 92.8%가 12월 결산법인입니다). 따라서 1년 단위로 기록된 재무제표만으로 회사의 현재 상태를 단정 지어서는 안 됩니다. 재무 보고의 기간은 보고의 단위이지, 현실의 시간과는 흐름이 다르니까요. 재무제표를 읽을 때는 이 점을 분명히 기억해야 합니다.

재무제표에는 선후, 인과관계가 있습니다. 지난해와 올해의 재무상태표를 연결시키는 표가 손익계산서입니다. 오른쪽의 그림에서 보듯, '재무상태표→손익계산서→재무상태표' 순으로 흐름을 생각해볼 수 있습니다.

2016년의 부채와 자본으로 구입한 자산이 제품과 서비스로 만들어져 2017년의 매출액이 됩니다. 비용을 제하고 남은 이익은 배당과 이익잉여금으로 2017년 재무상태의 숫자를 변화시킵니다. 이 같은 활동이 반복되어, 2017년의 부채와 자본으로 다시 2018년을 준비합니다.

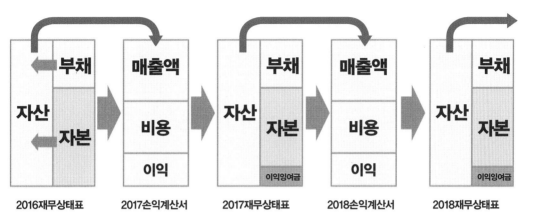

부채		매출액		부채		매출액		부채
자산	자본	비용	자산	자본	비용	자산	자본
		이익		이익잉여금	이익		이익잉여금

2016재무상태표　　　2017손익계산서　　　2017재무상태표　　　2018손익계산서　　　2018재무상태표

재무상태표는 무 자르듯 특정 시점의 재무 상태를 보여줍니다. 기말(12월 31일)의 결과치를 보여주는 것이지요. 매순간 움직이는 회사의 경영 활동에 임의적으로 출발하는 시점과 끝나는 시점을 정해서 회계적인 마침표를 찍는 것입니다.

재무제표를 읽을 때는 재무제표 사이사이의 인과관계를 이해해야 합니다. 1년 동안의 경영 활동은 분기, 반기, 결산기 재무제표를 통해 변화를 감지할 수 있습니다. 그렇다고 해서 회사가 1월 1일부터 12월 31일까지 딱 1년이라는 기간에 맞추어 사업을 진행하는 것은 아닙니다. 6개월간 진행되는 단기 사업뿐만 아니라 2~3년간 지속되는 장기 사업도 있습니다. 그러니 아무리 잘 정리한다 해도 회사가 사업을 시작한 개시일부터 재무제표가 작성된 현 시점까지 회사의 모든 재무제표는 사슬처럼 연결되어 있고 실타래처럼 꼬여 있게 마련입니다. 하지만 그 안에도 질서와 순서가 존재합니다.

회사의 업력이 길면 길수록 어느 정도 안정적인 경영 활동을 유지하게 마련입니다. 안정적인 수요를 갖고 있는 것은 물론, 고정적인 거래처도 있습니다. 따라서 자산과 부채, 자본의 변동을 월 단위가 아니라 1년 그 이상으로 장기적으로 파악할 필요가 있습니다. 관심이 가는 회사가 있다면 5~10년 정도의 재무제표를 보고 그 흐름을 읽을 줄 알아야 합니다. 나무를 보지 말고 숲을 봐야 합니다.

타이어뱅크의 금호타이어 인수 논란

2018년 초 타이어 판매 회사인 타이어뱅크는 법정관리, 해외매각 등 매각 절차를 진행 중인 금호타이어를 인수하겠다고 밝혔습니다. 당시 금호타이어는 6,000억 원 정도의 긴급자금이 필요한 상황이었습니다. 채권단은 매각이 이뤄지지 않으면 법정관리에 들어가겠다고 선포합니다. 금호타이어 노조와 채권단은 중국 기업으로의 매각을 놓고 첨예하게 대립하던 중이어서, 타이어뱅크의 인수 의사는 큰 파장을 불러왔습니다. 타이어뱅크는 기업공개, 회사담보 제공, 해외 공동 투자기업 유치 등 다양한 자금 조달 계획을 밝혔습니다. 재무제표는 기업의 상태를 가장 객관적으로 표현합니다. 우리가 지금까지 배운 것만 가지고 타이어뱅크 상황을 한번 살펴볼까요? 재무상태, 손익, 현금흐름의 주요 숫자를 하나의 표로 정리해보면 아래와 같습니다.

먼저 타이어뱅크 2016년 기준 재무상태표를 봅시다. 재무상태표에서 우선 자산, 부채, 자본 총계를 확인합시다. 타이어뱅크의 자산총계는 3,639억 원, 부채 총계는 2,172억 원, 자본 총계는 1,466억 원입니다. 팔아서 돈이 되는 자산을 3,639억 원 가진 회사입니다. 다음으로 재무제표 손익계산서를 보겠습니다. 매출액은 3,729억 원, 영업이익은 664억 원, 당기순이익은 272억 원을 기록했습니다. 마지막으로 현금흐름표를 보니, 영업활동 현금흐름 667억 원에 기말의 현금및현금성자산이 191억 원입니다.

재무제표의 대표적인 세 가지 핵심지표만 보았습니다. 그냥 각각 읽어본 것을 한번 연결해서 생각해봅시다. 누차 말씀드리지만, 재무제표는 여러 개입니다. 한 개만 보지 말고, 각각을 연결시켜 읽어보아야 합니다. 타이어뱅크는 매년 이익을 내고 있는 좋은 기업입니다. 손익계산서상 영업이익(664억 원)을 보면 주식시장에 상장할 경우, 기업가치를 높게 평가를 받을 수 있을 것으로 보입니다. 하지만 재무상태표에는 여전히 남의 돈(부채) 2,172억 원이 있고, 당장 필요한 금호타이어 인수자금 6,000억 원에 비해 타이어뱅크가 가진 현금 191억 원(현금흐름표)이 부족한 것도 사실입니다. 재무제표 세 개를 연결해서 보니 그렇다는 말입니다. 여러분 생각은 어떠신지요?

타이어뱅크

(단위 : 억 원)

	2016	2015
재무상태표		
자산총계	3,639	2,853
부채총계	2,172	1,660
자본총계	1,466	1,192
손익계산서		
매출액	3,729	2,756
영업이익	664	416
당기순이익	272	321
현금흐름표		
영업활동현금흐름	667	317
투자활동현금흐름	(477)	(935)
재무활동현금흐름	(50)	485
기말의 현금 및 현금성 자산	191	51

손익계산서의 5가지 이익

박 과장 : 팀장님, 영업부가 해야 할 업무까지 맡으시면 저희 부서 죽습니다. 아무리 영업부가 힘들다고 해도 이건 너무합니다.

문 팀장 : 박 과장, 힘든 거 아는데 그래도 어쩌겠나. 위에서 시키는데 해야지.

이 대리 : 저희 회사의 낡은 EZ5250 시스템으론 기본 데이터도 확인할 길이 없습니다. 실행은 둘째치고 저희 부서가 기획까지 하는 건, 무리라고 봅니다.

김 팀장 : 허허, 이 대리까지 왜 이래……, 관리부서가 영업 쪽보다 지원 못 받는 건 사실이지. 나도 잘 알아. 게다가 어떨 땐 잡스러운 일까지 지원해줘야 하는 고충도 있지. 자네들보다 내가 더 잘 아네. 그런데 말이야. 회사생활 하면 할수록 챙겨야 하는 건 딱 한 가지야. 바로 '이익'이라네.

문 팀장의 설명이 이어졌다.

문 팀장 : 우리 회사는 최첨단 시스템, 멋진 기획서, 우수한 제품보다는 고객들을 대하는 최접점의 영업이 이익을 내는 핵심 요소야. 다양한 영업 경로 중에서도 이익은 어디서 날까? 박 과장도 이 대리도 시간 날 때 우리 회사가 실제로 돈을 버는 부분이 어디인지 한번 살펴보게.

이익이라고 다 같은 이익이 아니다

기업에 있어 이익은 존재 이유나 마찬가지입니다. 매년 이익이 난다면 기업은 꽃길만 걷겠지요. 이익이 나는 기업은 사장부터 말단 직원까지 모두 행복합니다. 반대로 이익이 줄거나, 적자가 계속되면 엄청난 스트레스가 몰려옵니다. 적자보다 이익이 좋은 것은 너무나 당연한 이야기입니다.

재무제표 중에서 손익계산서는 바로 이익을 위해 만들어진 표입니다. 회계등식처럼 손익계산서는 '수익 – 비용 = 이익'으로 표현할 수 있습니다.

수익은 기업이 고객에게 제공하는 상품과 서비스의 총합입니다. 제조업에서는 이를 매출액이라고 합니다. 출발점인 매출액(수익)을 제외하면 손익계산서는 온통 비용과 이익에 관한 이야기로 가득합니다. 손익계산서는 이익을 계산하는 기능도 있지만, 비용과 이익으로 기업의 '스토리'를 들려주기도 합니다. 손익계산서가 들려주는 이익의 품질을 읽어내면 기업의 미래 가치와 성장성을 제대로 볼 수 있습니다.

11강에서는 손익계산서에서 찾을 수 있는 다섯 가지 이익에 대해 알아봅시다. 기업을 이해하기 위해서는 얼마나 이익이 났는지가 중요한 게 아니라 어떤 부분에서 이익을 발생했는지, 이익을 갉아먹는 비용이 무엇인지 알아야 합니다. 이익을 극대화하기 위해 어떤 이익과 비용이 핵심인지 재무제표를 통해 읽어내야 합니다.

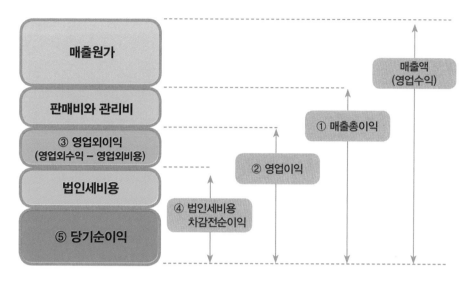

손익계산서의 다섯 가지 이익
손익계산서는 지난 1년 동안 기업의 이익(매출총이익, 영업이익, 기타영업외이익, 법인세차감전이익, 당기순이익 등 다섯 가지 이익)이 어떻게 발생했는지 나타내는 성과표다.

위의 그림은 손익계산서에 등장하는 다섯 가지 이익을 보여주는 표입니다.

이 중 우리가 챙겨봐야 할 첫 번째 이익은 ① 매출총이익입니다. 매출총이익은 매출액에서 매출원가*를 뺀 이익을 말합니다. 여기서 매출원가는 매출액을 만드는 데 사용되는 고정적인 비용을 가리킵니다. 원재료 구매비, 공장 가동비, 구매비용이 여기에 해당합니다. 매출원가는 제조 또는 상품원가에 가깝다고 생각하면 됩니다. 물론 기업의 매출을 구성하는 상품이 딱 한 가지도 아니고, 재고자산과 기타 여러 다른 비용까지 고려해야 정확하게 계산할 수 있지만, 대략 얼마나 효율적으로 매출을 만들고 있는지는 매출원가로 가늠할 수 있습니다. 매출액 대비 매출원가가 차지하는

> **매출원가**
> 매출액에 대응하는 상품 및 제품 등을 살 때 들어가는 모든 비용과 만들 때 사용되는 제조원가를 말한다.

비중을 따지는 매출원가율(매출원가/매출액×100)은 영업활동의 능률을 평가하는 지표이기도 합니다. 매출원가를 통해 해당 산업이 원가가 어느 정도 드는 산업인지 파악할 수 있습니다. 동일 업종의 회사 중에선 당연히 매출원가율이 낮은 기업이 시장에서 더 유리합니다.

예를 들어, 매출액이 100억 원이고 매출원가가 30억 원이라면 매출총이익은 70억 원입니다. 이렇게 단지 계산만 하고 마는 게 아니라, 그 의미를 조금 깊이 따져보면 이렇게 풀이할 수 있습니다. "100억 원을 파는데, 만드는 데 든 비용이 30억 원이네. 매출원가율 30%밖에 안 되는구나. 시장이 성장하고 잘 팔리기만 한다면 이익이 많이 나겠는걸."

매출총이익 = 매출액 - 매출원가

매출원가율 = 매출원가/매출액 × 100

*매출원가율 : 매출액 중 매출원가가 차지하는 비중. 동일 업종에서 이 비율이 낮은 기업은 다른 기업에 비해 수익성이 높다. 생산 공정의 간략화, 설비 갱신 등으로 제품 단위당 매출원가를 내리면 기업의 수익성을 높일 수 있다.

두 번째, ② 영업이익은 매출총이익에서 판매비와 관리비를 뺀 값입니다. 판매관리비는 상품을 만드는 데 들어간 비용 외에 광고, 영업, 마케팅에 들어간 '판매비'와 일반관리직 급여, 세금 등 기업의 관리 활동을 위해 사용되는 '관리비'의 합입니다. 영업이익은 해당 기업의 주력 사업을 통해 얻는 근본적인 이익이라는 점에서 매우 중요합니다.

매출총이익이 70억 원이라도 판매관리비가 70억 원 들었다면, 영업이익이 전혀 나지 않았다고 할 수 있습니다. 그럴 경우, 이렇게 이야기할 수 있습니다. "뭐야, 이 회사는 원가가 적게 들어서 제품을 많이 만들면 좋은 줄 알았더니 매출이 늘어도 이익이 안 나는 거야? 시장경쟁이 장난 아니네. 유통이나 마케팅 비용에서 이익을 다 갉아먹잖아! 제품 만들고 나서 파는데 돈이 더 드는구나!"

세 번째, ③ **기타영업외이익은 영업외수익에서 영업외비용을 차감한 이익**입니다. 예전에는 경상이익*이라고도 했습니다. 회사는 본연의 업무를 제외하고도 수입과 비용이 생길 수 있습니다. 예를 들어, 자동차 회사가 꼭 차만 파는 것은 아닙니다. 주식이나 부동산 투자로 이익을 낼 수도 있습니다. 물론 회사는 기업의 정관 등에서 정한 사업목적에 충실해야 합니다. 하지만 자동차 공장부지로 사둔 땅이 2~3배 올라서 팔았다면, 그 차액으로 인한 이익도 재무제표에 기록해야 합니다. 자동차를 판 이익이 아니니 영업이익에 넣을 순 없습니다. 영업외이익에는 이자와 배당소득, 환차익, 유가증권매도 차익이 있습니다. 영업외비용으로는 이자, 어음할인료, 환차손, 유가증권매도 손해 등이 있습니다. 금융 관련 수익과 비용도 따로 구분해야 합니다.

네 번째, ④ **법인세비용차감전순이익**이 있습니다. 법인세비용차감전순이익은 세금을 떼기 전 이익을 말합니다. 세금은 어느 기업이나 내는 것이기 때문에 세전 이익은 그리 관심 받지 못하는 요소입니다. 일반적으로 이익의 20% 정도가 세금으로 빠져나간다고 보면 됩니다. 경영자가 왜 그렇게 세금을 줄이기 위해 노력하는지 숫자의 크기를 보면 이해할 수 있을 겁니다. 우리나라 제조업체의 이익률이 평균적으로 10% 내외인 것을 감안하면 세금은 절대 만만치 않은 액수이지요.

영업이익과 당기순이익을 구분하라

다섯 번째, ⑤ 당기순이익은 법인세(세금)를 제하고 난 최종 결과치 이익입니다. 당기순이익은 기업이 스스로 벌어 자기 손에 쥐는 돈이라고 생각하면 됩니다. 재무제표를 읽을 때는 영업이익과 당기순이익을 구별할 줄 알아야 합니다.

누구나 자신에게 유리한 것을 먼저 보려고 합니다. 영업이익과 당기순이익이 비슷하다고 해서 이 중 큰 숫자를 내세우거나 보려고 해서는 안 됩니다. 영업이익과 당기순이익은 언뜻 비슷해 보이지만 완전히 다른 개념입니다.

예를 들어, 본업에서 난 영업이익은 적자인데 당기순이익이 흑자라면, 기타 영업외이익이 영업이익의 적자를 메워준 경우입니다. 어쨌든 적자보다야 흑자가 보기 좋으니 이런 경우 기업은 영업이익보다 당기순이익을 강조합니다. 재무제표를 정확히 읽는 눈을 갖췄다면, 회사 본업의 성과를 비교할 때는 영업이익을, 최종적인 이익을 살펴볼 때는 당기순이익을 기준으로 삼고, 그 차이를 구별할 줄 알아야 합니다.

기업 경영 성과를 외부에 알리는 정보를 살펴보면 매출액, 영업이익, 당기순이익이 기본 사항으로 나와 있습니다. 보통 영업이익과 당기순이익은 비슷한 추이를 보입니다. 그래서 둘은 같은 이익처럼 보이기도 합니다만, 그 사이에는 기타 영업외손익과 법인세(세금)가 존재합니다. 이로 인해 영업이익과 당기순이익의 차이가 벌어지는 것입니다. 이익을 경영 성과로 판단할 때는 반드시 이 두 가지 이익을 다른 관점에서 해석해야 합니다.

지금까지 손익계산서에 등장하는 다섯 가지 이익을 순서대로 살펴보았습니다. 재무제표의 손익계산서를 보면서 이익이 발생하는 곳과 크기를 중점적으로 살펴야 합니다. 또한 경영자라면 회사의 이익도 중요하지만, 이익의 크기를 줄이는 다섯 가지 비용을 줄이는 데 신경을 써야 합니다. 이익과 비용은 동전의 양면과 같기 때문입니다.

기업 경영 활동의 성적표라고 하는 손익계산서에는 다섯 가지 이익이 나온다. 이익이 계산되는 올바른 순서대로 나열한 것은 어느 것인가?

① 매출총이익→영업외이익→영업이익→법인세차감전순이익→당기순이익
② 매출총이익→영업이익→법인세차감전순이익→영업외이익→당기순이익
③ 매출총이익→영업이익→당기순이이익→법인세차감전순이익→영업외이익
④ 매출총이익→영업이익→영업외이익→법인세차감전순이익→당기순이익

실전! 손익계산서 읽기

옛날에는 쓰고 독한 술의 대명사였던 소주. 그러나 요즘에는 브랜드도 세련되고, 맛 또한 다양해졌습니다. 서민들의 술로 오랫동안 사랑받는 만큼 소주회사의 역사도 보통 30~40년을 훌쩍 넘깁니다. 지역마다 대표소주가 있어서 재미있는 이야깃거리도 풍부합니다. 그런데 소주회사 재무제표 보면, 높은 이익에 더 놀라게 됩니다.

경상남도 창원시에 본사를 두고 있는 소주 회사 무학의 손익계산서에서 앞서 살펴본 다섯 가지 이익을 찾아볼까요?

무학 (단위 : 원)

		제 44 기	제 43 기
매출액		270,169,022,410	295,760,849,891
매출원가		141,387,967,613	158,441,764,515
매출총이익	❶	128,781,054,797	137,319,085,376
판매비와관리비		76,822,154,502	71,658,444,599
영업이익	❷	51,958,900,295	65,660,640,777
금융순손익		536,982,229	277,687,917
지분법손익			
기타영업외수익	❸	40,862,579,387	17,100,939,539
기타영업외비용		11,293,113,951	39,705,718,656
법인세비용차감전순이익(손실)	❹	82,065,347,960	43,333,549,577
법인세비용		20,582,490,392	14,520,711,033
당기순이익(손실)	❺	61,482,857,568	28,812,838,544

무학 2016년 연결손익계산서 일부

2016년 기준 무학의 매출액은 2,701억 원입니다. 매출원가를 뺀 ① 매출총이익은 1,287억 원입니다. 대형마트에서 살 경우, 소주값이 1,000원이 안 됐을 때이니, 2,701억 원이라는 매출액도 대단한 규모인데, 매출원가를 제하고 남은 이익이 절반(47.6%)에 가깝습니다.

그러니 판매관리비를 차감한 ② 영업이익이 높습니다. 영업이익 519억 원으로 영업이익률이 19.2%에 달합니다. 제조업체는 영업이익률 10% 이상만 돼도 수익성이 좋은 편이라고 봅니다. 우리나라 제조기업의 평균 이익률은 2016년 기준

6.1%였습니다. ③ 기타영업외이익은 재무제표에는 항목이 없지만 기타영업외수익-기타영업외비용을 계산하니 296억 원입니다. 아니, 영업이익도 높은데 기타로 벌어들이는 이익까지 있다니……. 영업외 기타 활동에서도 돈을 버니 얼마나 좋습니까? 무학의 기타 손익까지 반영된 ④ 법인세비용차감전순이익은 820억 원입니다. 법인세로 205억 원을 낸 뒤 2016년 무학의 최종 이익인 ⑤ 당기순이익은 614억 원으로 계산됩니다.

무학의 매출총이익을 기준으로 무학 창원 공장에서 소주를 만들어서 바로 팔면 절반 정도 이익을 낼 수 있습니다. 현실적으로 불가능하겠지만 사줄 사람만 있다면 많이 만들면 만들수록 높은 이익을 낼 수 있습니다. 이때 판매관리비는 사줄 사람을 찾는 비용입니다. 창원에서 제품을 만들었지만 전국에 판매하면 더 매출을 올릴 수 있겠지요. 이를 위해 광고, 유통 등의 비용을 얼마나 쓸지 판단해야 합니다. 매출총이익은 판매관리비를 얼마나 투입할지 고려할 수 있는 판단근거가 됩니다.

세 번째 이익인 기타영업외이익은 본업이 아닌 경영 활동의 결과입니다. 덤으로 생긴(?) 이익이니 얼마나 좋습니까? 이 경우, 일시적인 이익인지 살펴봐야 합니다. 소주 판매 외에도 늘 이익이 난다면 정말 좋은 일이죠. 마지막 이익인 당기순이익이 계산됩니다. 무학이 직접 가져가는 최종 이익이 여러분의 눈길을 끌겠지만, 매출총이익의 규모, 뜻하지 않았던 기타손익의 영향 등 손익계산서의 이익을 꼼꼼히 살펴봐야 합니다.

회계 똑똑이
노조위원장

　노동조합의 교섭력이 높으려면 끈끈한 단결력과 강한 조직력이 있어야 합니다. 그런데 중요한 요소가 또 하나 있습니다. 바로 회계 지식입니다. 무슨 소리냐구요? 업계에서 전설처럼 내려오는 비화를 소개합니다.

　노동운동이 한창 기세를 올리던 1990년대 초반, 국내의 유명 자동차 기업의 총파업이 있기 하루 전날이었습니다. 노조위원장이 회장에게 마지막 독대를 요청합니다. 회장실에 도착한 노조위원장의 손에는 손익계산서 한 장이 들려 있었습니다.

　"회장님, 우리 회사는 매출액에서 알수 있듯이 저렴하고 튼튼한 자동차를 생산해 국민의 많은 사랑을 받고 있습니다. 차를 만들면서 수많은 공장 노동자들이 월급을 받았고, 철과 타이어 등 제조 관련 업체들도 매출원가만큼 벌 수 있었습니다. 광고를 만들기도 했고, 인사, 총무, 영업 등 관리직 근무자와 해당 협력업체들에도 비용을 지불하다 보니 판매관리비만큼 수입이 생겼습니다. 이처럼 우리 회사 때문에 먹고사는 업체가 셀 수 없이 많습니다. 게다가 법인세로 국가에 세금을 엄청 납부했으니, 우리 회사는 모두에게 사랑받는 기업임이 분명합니다. 그런데 말입니다……."

　"위원장 말을 들으니 정말 그렇구먼. 그런데 왜 그리 뜸을 들이나? 계속해보게."

　"마지막으로 당기순이익. 그거는 회장님 혼자 다 가져가십니다. 이왕 좋은 일 많이 하시고, 사랑도 받으시는데 당기순이익을 2~3%만 덜 가져가시면 안 되겠습니까?"

"하하하, 그렇구먼. 그렇게 하지. 우리 직원들, 임금을 올려주라고 당장 지시하겠네. 이제 파업을 풀텐가?"

물론 믿거나 말거나 확인되지 않은 이야기입니다. 회계 지식에 따라 대화가 어떻게 달라질 수 있는지만 알아둡시다. 회장이 회계 지식을 활용해 이렇게 대응했다면 결과는 어떻게 됐을까요?

"위원장, 자네 말도 일리가 있지만, 나는 좀 생각이 다르네. 우리 차가 매출액만큼 잘 팔리기는 하지만 문제가 생기는 경우가 여전히 많지. 이번에 대량 리콜이 들어온 것만 봐도 알 수 있는 사실이네. 매출원가에 속하는 공장 노동자들의 임금, 줘야지. 줄 수만 있다면 나도 많이 주고 싶네. 그런데 말이 나와서 그런데 자네들은 파업해서 공장 가동을 중지하면 자네들 월급보다 더 많은 돈이 나간다는 것을 왜 모르나? 판매관리비인 관리직 임금은 또 어떤지 아나? 새로운 사업에 좀 도전해보자고 하면, 맨날 서류랑 보고서를 들이밀며 안 된다는 소리만 한다네. 나라에 내는 세금은? 애국하는 일이고 좋지, 좋아. 그렇지만 매년 환경세다 뭐다 더 많은 세금 항목이 생기네. 이런저런 리스크의 최종 책임은 다 사장인 내가 떠안아야 하지. 회사에 일어나는 모든 사건사고도 내가 책임을 져야 한다네. 그렇다면 대주주인 내가 당기순이익을 챙겨둬야 하지 않겠나? 회사가 어려울 때에 대비해야 하는 건 결국 나뿐일세."

현금흐름표에 담긴 기업의 미래

"최 비서, 상무님 출근 전이신가?"

"아뇨, 벌써 오셔서 사장실에 보고하러 가셨어요."

"그래? 오늘 아침 분위기는 어때?"

"부장님도 잘 아시면서⋯⋯. 사장실에 얼마나 오래 계시냐에 따라 다르잖아요."

"맞아. 상무님의 기분은 사장실 체류 시간과 비례하지. 이런 말하긴 그렇지만, 부서장들이 임원 눈치를 안 본다면 거짓말이지."

상사가 바뀌면 누구나 힘들다. 보고서 서체까지 신경 써야 한다. 그러나 시간이 지나면 편해진다. 서로의 업무 스타일과 패턴을 읽어내고 나면 술술 풀릴 때도 있다. 속칭 '손발이 맞기 시작했다'라고 할까?

사장님이 사랑하는 현금흐름표

돈맥경화, 흑자도산이란 말을 들어보셨나요? 현금 부족이 초래하는 위험성을 안다면, 현금흐름표가 왜 중요한지 단박에 이해할 수 있습니다. 기업의 현금흐름은 외상 거래를 비롯해 투자, 대출 등 매우 복잡합니다. 자칫 줄 돈과 받을 돈의 시차를 놓치면 심각한 상황에 놓일 수도 있습니다.

회사의 규모와 상관없이 경영자의 고민은 비슷합니다. 월급, 대금 결제 등 줄 돈은 많은데 들어올 돈이 제때 안 들어오면, 아무리 간 큰 사장이라도 속이 탑니다. 자금이 부족하면 자기 돈으로 메우거나 빌려야 합니다. 고정적으로 나가는 돈보다 받을 돈이 미리미리 수금하는 것, 쉬워 보여도 어려운 일입니다.

회사는 돈이 돌아야 합니다. 그래서 현금흐름표는 경영자가 가장 먼저 챙기는 재무제표입니다. 사장도 먼저 챙기는데 재무제표를 읽는 우리는 어떠해야 할까요? 외부에서 회사 재무 현황을 읽는 경우라면 현금흐름표를 반드시 꼼꼼히 살펴야 합니다.

재무제표는 발생주의로 작성됩니다. 현금의 유출입 없는 숫자로 표시된 발생주의 장부이다 보니 실제 현금 보유량을 놓치기 쉽습니다. 이를 보완하기 위해 만든 장부가 하나 더 있습니다. 바로 현금흐름표입니다.

기업은 재무상태표의 자산을 팔아서 매출액을 만듭니다. 대금을 잘 회수하고 허튼 데 비용을 쓰지 않으면, 영업활동의 결과로 당연히 현금이 쌓입니다. 1년간의 비용과 이익은 손익계산서에 표시되지만, 돌고 도는 현금은 따로 관리해야 합니다. 모든 현금을 합하기만 해선 안 됩니다. 은행과의 재무 활동과 관련된 현금거래, 투자를 위해 드나드는 현금과 영업에서 번 돈을 구분해야 합니다. 재무제표의 숫자는 곧 화폐입니다. 돈이 아닌 자산을 빼고 나면 남는 건 현금입니다. 재무제표가 정확한지 확인할 때도 가장 먼저 장부상 현금과 실제 현금 잔액을 맞춰

봅니다.

장부상으로는 이익이 아주 많이 나는 회사인데 생각보다 현금이 부족한 경우가 있다면 더욱 자세히 살펴봐야 합니다. 문제는 1년치 현금흐름만으로는 '이상 징후'를 알아채기 어렵다는 겁니다. 따라서 3~4년치 현금흐름표를 통해 현금이 순환하는 패턴을 읽어야 합니다.

몇 해 전 충격을 준 대우조선해양의 분식회계 논란은 현금흐름 패턴의 중요성을 여실히 보여준 사건입니다. 이후 현금흐름표가 주목 받고 있습니다. "기업의 재무제표 중 현금흐름표는 꼭 챙겨봐야 한다"는 말조차 나오고 있습니다. 기업의 현금흐름표는 경영 악화의 민낯을 고스란히 드러내기 때문입니다. 재무상태표와 손익계산서를 아무리 '마사지'하더라도 현금흐름표에는 표가 나게 마련입니다. 영업이익과 당기순이익이 흑자이더라도 현금흐름이 수년째 마이너스를 기록했다면 위험한 신호입니다. 현금이야말로 회사의 실태를 그대로 보여주는 지표입니다.

3가지 현금흐름을 파악하라

현금흐름표 읽기는 영업활동으로 인한 현금흐름, 투자활동으로 인한 현금흐름, 재무활동으로 인한 현금흐름 등 세 가지 총액 항목과 기말의 현금 잔액을 살펴보면 됩니다.

어떤 기업이든, 영업활동 현금흐름은 많으면 많을수록 좋습니다. 손익계산서의 영업이익은 몇 년째 플러스인데 영업활동 현금흐름이 지속적으로 마이너스를 기록한다면, 현금이 잘 돌고 있는지 의심해봐야 합니다. 매출은 지속적으로 발생하는데 실제로 돈이 회수되지 않는 경우에 이런 현금흐름 패턴을 보입니다. 이런 상태로 시간이 오래 지나다 보면 심각한 문제가 발생할 수 있습니다. 물론 '단기적인 상황'일 수도 있습니다. 하지만 기업의 2~3년치 현금흐름을 확인했는데도 여전히 그렇다면, 주의를 기울여야 합니다.

투자활동 현금흐름은 재무상태표의 자산과 관련 깊은 항목입니다. 기업의 생산성을 향상시키기 위해 새로운 자산을 사거나(이럴 경우 투자활동 현금흐름의 부호는 마이너스(-)가 됩니다. 현금흐름표는 회사 기준으로 돈이 나갈 때는 마이너스(-), 들어올 때는 플러스(+)입니다) 팔 때의 변화를 기록합니다. 투자활동 현금흐름은 당시 기업 환경을 보고 판단해야 합니다. 예를 들어, 성장한다고 홍보하는 회사가 투자활동 현금흐름이 플러스(+)면, 자산을 팔고 있다는 뜻입니다. 앞뒤가 맞지 않는 이야기이지요.

재무활동 현금흐름이 마이너스(-)면 빚을 갚고 있다는 의미입니다. 반대로 플러스(+)면 대출 또는 차입하는 상황입니다. 재무활동 현금흐름은 은행과의 대출과 관계돼 있습니다. 그래서 재무상태표의 부채 항목(차입금, 사채 등)과 관련 깊습니다. 빚을 너무 많이 지는 것(재무활동 현금흐름이 플러스(+)인 경우)도 위험하지만, 은행에서 아예 대출을 못 받는 상황도 문제입니다. 기업의 경영 상황이 악화되면, 은행은 해당 기업의 대출 규모를 줄이거나 받을 돈을 빨리 회수하려고 듭니다. 그럴 경우, 재무활동 현금흐름이 급격히 줄어들게 됩니다. 은행으로부터 돈줄이 막힌다는 뜻입니다. 빚이 줄어들어 상황이 나아지는 경우가 아닙니다.

현금흐름표에서 갑자기 큰 금액의 현금이 나타나면, 주의해서 살펴야 합니다. 이런 금액이 어디서 나왔는지는 다른 재무제표를 통해 확인해야 합니다. 이처럼 현금흐름으로 기업의 성장과 문제점의 징후를 발견할 수 있습니다.

현금흐름 8가지 패턴

구분	영업활동	투자활동	재무활동
초기 기업(진입기)	(−)	(−)	(+)
위험 기업 I	(−)	(+)	(+)
위험 기업 II	(−)	(+)	(−)
성장기업(성장기)	(+)	(−)	(+)
우량기업(성숙기)	(+)	(−)	(−)
쇠퇴기업(쇠퇴기)	(+)	(+)	(−)

※ 부호의 크기는 금액의 크기

현금흐름 패턴은 영업활동, 재무활동, 투자활동이 현금이 들어오냐(+), 나가냐(-)에 따라 여덟 가지로 구분할 수 있습니다. 기업의 상황에 따라 딱 맞지는 않지만, 이를 통해 기업에 돈이 드나드는 이유를 추정해볼 수 있습니다.

또한, 여덟 가지 패턴에 따라 기업의 성장 단계를 살펴 이에 대비할 수도 있습니다. 예를 들어, 스타트업은 은행 차입을 통해 투자를 많이 하지만 아직은 매출에서 손해를 볼 수 있습니다. 영업활동(-), 투자활동(-), 재무활동(+)의 현금흐름을 보일 수도 있는 것이지요. 각각의 단계에 따라 현금흐름이 어떤 형태를 보일지 예상하거나, 반대로 현금흐름 패턴을 보고 회사의 상황을 추정할 수도 있습니다. 위의 표는 영업활동, 투자활동, 재무활동의 현금흐름으로 기업의 성장 단계를 구분해놓은 것입니다. 부호는 금액 크기에 따라 상대적입니다. 마이너스(-)는 현금이 나간다는 의미고, 플러스(+)는 현금이 회사로 들어왔다는 뜻입니다. 현금흐름으로 기업의 성장 단계를 확인하려면 최소한 2~3년 이상 현금흐름 패턴을 살펴봐야 한다는 점은 기억합시다.

초기 기업(진입기)은 일반적으로 영업활동을 하더라도 돈을 벌지 못합니다. 그래서 영업활동에서 손실(-)이 나지요. 그래도 사업 초기이기 때문에 투자가 필요합니다. 따라서 투자활동 역시 마이너스(-)입니다. 그러나 회사를 운영하고 투자 재원을 마련하기 위해 자금을 외부에서 빌려와야 하기 때문에 재무활동은 돈이 들어오는 플러스(+)로 표시됩니다.

성장기업과 우량기업은 영업활동을 통해 현금을 벌어들입니다. 영업활동으로 돈이 들어오니 플러스(+)입니다. 벌어들인 현금을 사용해 적극적으로 투자하기 때문에 투자 활동은 마이너스(-)입니다. 재무활동에서는 차이가 나는데, 투자를 위해 은행에서 더 많은 자금을 차입할 경우, 재무활동은 플러스(+)가 됩니다(성장기업). 반면 부채를 상환하면서 안정을 취하거나 다른 신규 사업을 모색하는 성숙기 기업은 빚을 상환하기 때문에 재무활동이 마이너스(-)를 나타내게 됩니다.

위험기업 Ⅰ, Ⅱ를 살펴볼까요. 영업활동은 마이너스(-)입니다. 투자도 하지 않고, 반대로 투자자산을 팔고 있습니다(투자활동 +). 재무활동인 은행과의 현금거래는 돈을 더 빌리거나(재무활동 +), 겨우겨우 갚는 모습을 보입니다(재무활동 -).

쇠퇴기 기업은 영업을 통해 현금은 플러스(+)로 조금 벌고 있지만, 더 이상 신규 투자가 없으며(+), 은행 부채를 갚고 있는 상황을 보입니다(재무활동 -).

공시된 재무제표는 외부감사를 통해 인정된 장부입니다. 외부감사를 할 때는 다른 어떤 자산보다 현금의 실체를 파악하는 데 힘씁니다. 마술을 부리지 않는 이상, 현금 보유량을 속이는 것은 거의 불가능합니다. **경영 활동이 좋지 않은 기업도 재무상태표나 손익계산서는 조정할 수 있지만 2~3년 이상의 현금흐름은 쉽게 바꿀 수 없습니다.** 따라서 기본적으로 '영업활동 현금흐름'이 장기간 마이너스인 회사는 상태가 좋지 않다고 봐야 합니다.

실전! 현금흐름표 읽기

우리나라 직장인들이 점심 먹고 나면 꼭 들르는 데가 있습니다. 공원? 헬스장? 편의점? 아닙니다. 바로 커피 전문점입니다. 요즘은 한 집 건너 커피숍이 보일 정도입니다. '별다방'이란 애칭으로 사랑받는 스타벅스. 이곳의 재무제표는 어떨까요? 현금흐름표가 무슨 이야기를 하는지 읽어 봅시다.

현 금 흐 름 표
제 21 기 2017년 1월 1일부터 2017년 12월 31일까지
제 20 기 2016년 1월 1일부터 2016년 12월 31일까지

주식회사 스타벅스커피코리아 (단위: 원)

과목	제21(당)기	제20(전)기
영업활동으로 인한 현금흐름	172,078,546,096	166,673,491,507
투자활동으로 인한 현금흐름	(136,601,363,784)	(98,567,546,665)
재무활동으로 인한 현금흐름	(25,000,000,000)	(70,000,000,000)
기말의 현금및현금성자산	12,469,864,164	1,992,681,852

스타벅스 2017년 감사보고서 현금흐름표 일부

현금흐름표에서는 네 가지만 챙기면 됩니다. 2017년 스타벅스커피코리아(이하 스타벅스)의 현금흐름표상 **영업활동 현금흐름**은 1,720억 원, **투자활동 현금흐름**은 −1,366억 원, **재무활동 현금흐름**은 −250억 원, **기말의 현금및현금성자산**은 124억 원입니다.

영업활동 현금흐름은 1,720억 원으로 플러스입니다. 영업활동을 통해 현금이 잘 들어오고 있는 것이지요. 잘 벌고 있다는 뜻입니다. 투자활동 현금흐름

-1,366억 원은 현금이 나갔다, '그만큼 사용했다'는 뜻입니다. 유형자산 취득(아마 커피 재료나 기계장치 등이겠죠.)과 재투자에 적극적이란 신호입니다. 그리고 재무활동 현금흐름도 마이너스입니다. 이는 회사로부터 돈이 나갔다는 뜻인데, 보통 재무활동은 은행과의 현금거래라고 보면 이해하기 쉬울 겁니다. 은행 차입금 250억 원은 갚아 나가는 중입니다. 마지막으로 회사가 보유하고 있는 현금잔액은 124억 원입니다. 헷갈리지 않도록 현금흐름표는 회사를 중심으로 현금이 나갈 경우는 마이너스를 괄호 숫자로 표기합니다.

스타벅스의 현금흐름 패턴을 알기 위해 최근 5년치 현금흐름을 표로 만들어봅시다. 그러면 스타벅스의 현금흐름 활동을 파악하기가 더 쉽습니다.

스타벅스커피코리아 5년간 현금흐름

(단위: 억 원)

구분 \ 연도	2017	2016	2015	2014	2013
영업활동현금흐름	1,720	1,666	1,121	853	770
투자활동현금흐름	(1,366)	(985)	(1,088)	(1,185)	(786)
재무활동현금흐름	(250)	(700)	(8,320)	258	93
기말의 현금및현금성자산	124	19	38	14	87

2013년 이후 영업활동 현금흐름은 매년 플러스이며, 금액 크기도 더 증가하고 있습니다. 영업활동과 투자활동 현금흐름은 비슷한 패턴을 보입니다. 재무활동을 보면, 2013~2014년은 플러스이니까 현금을 은행에서 빌려왔고, 그 이후에는 갚아 나가고(마이너스) 있습니다. 영업활동(+), 투자활동(-), 재무활동(-) 현금흐름 패턴만 놓고 보면 스타벅스는 우량 기업입니다. 영업으로 돈 잘 벌고, 재투

자하고 있으며, 은행 빚을 갚을 여력도 되니까요. 실제로 스타벅스의 영업이익은 2015년 471억 원 → 2016년 852억 원 → 2017년 1,144억 원으로 늘어났습니다. 기본적으로 우량한 기업들의 현금흐름 패턴은 스타벅스와 매우 유사한 모양새를 보입니다.

현금흐름 패턴은 기업의 발전 상황을 보여줍니다. 현금흐름 패턴표에 초기, 위험, 성장, 발전, 성숙으로 단계를 나눠본 것을 다시 한 번 상기해보십시오.

에코프로 5년간 현금흐름

(단위: 억 원)

구분 \ 연도	2017	2016	2015	2014	2013
영업활동현금흐름	129	114	220	144	113
투자활동현금흐름	(238)	(340)	(339)	(197)	(55)
재무활동현금흐름	39	338	142	27	(69)
기말의 현금및현금성자산	87	158	45	12	25

전기차를 만드는 에코프로라는 회사의 현금흐름 패턴은 성장 기업의 전형을 보여줍니다. 5년치 현금흐름을 살펴보면 영업활동 현금흐름보다는 아직은 투자활동 현금흐름의 규모가 큽니다. 재무활동을 통해 여전히 은행에서 빚을 가져와야 합니다. 물론 현금흐름 패턴이 기업의 모든 상황을 설명해주지는 않습니다. 그러나 돈은 있고 없고가 명확합니다. 그런 현금의 특징 덕분에 다른 재무제표 숫자보다는 설득력을 갖습니다.

그런데 현금흐름 패턴이 들어맞지 않는 한 가지 산업이 있습니다. 은행, 보험,

증권 같은 금융업처럼 현금이 곧 상품이거나 현금 자체의 흐름이 대량일 경우, 현금흐름 패턴에 대한 해석이 달라질 수 있습니다. 그러나 제조업 등 대부분의 산업에서는 영업활동 현금흐름이 장기간 마이너스이거나 점차 줄어들 경우 좋지 않은 징후로 봅니다. 어쨌거나 기업은 영업으로 돈이 들어와야 합니다.

그럼, 상황이 다소 좋지 않는 회사의 현금흐름 패턴도 살펴볼까요?

○○○ 5년간 현금흐름

(단위: 억 원)

구분 \ 연도	2017	2016	2015	2014
현금흐름표				
영업활동현금흐름	(28)	(45)	(49)	(112)
투자활동현금흐름	(116)	(37)	61	70
재무활동현금흐름	138	79	2	(19)
기말의 현금및현금성자산	42	49	52	40

위의 회사는 신규 사업 진출로 활로를 찾고 있는 중입니다. 과거 현금흐름 패턴만으로 미래를 단정 짓기는 어렵기 때문에 회사명은 표기하지 않았습니다. 이 회사는 2014~2017년 영업적자를 기록했으며, 현금흐름 역시 좋지 않습니다. 최근 2년간의 영업활동(-), 투자활동(-), 재무활동(+)은 초기 기업의 패턴을 보입니다만, 사실 이 회사는 업력이 20년 된 기업입니다. 이 회사의 현금흐름 패턴은 위험 징후를 보이고 있습니다. 영업활동으로 돈을 못 벌고 있으며, 투자를 하지만 은행의 대출을 통해 자금을 조달했습니다. 향후 부채를 갚아야 할 것입니

다. 조만간 신규 사업이 이런 현금흐름을 변화시키길 기대해봅니다. 가시적인 성과를 보이면 현금흐름이 개선되고 투자도 더 받을 수 있을 겁니다.

현금흐름은 이미 알고 있었다!

2016년 우리나라 경제를 뒤흔든 회사가 있습니다. 바로 대우조선해양입니다. 대우조선해양의 분식 회계가 적발되면서 수주 산업에 대한 회계 감시망은 더욱 깐깐해졌습니다. 회계 제도에 대한 전면적인 개혁의 시발점이 된 셈이죠.

대우조선해양은 2000년 초반 선박 제조 분야에서 세계 1위를 차지했던 회사입니다. 법정관리가 거론되기 직전까지 세계 3위의 조선업계 강자이기도 했습니다. 경영 환경 악화에 대한 우려는 오래전부터 있었습니다. 2014년 경영진이 교체되면서 외부로 문제가 알려지기 시작했는데, 그전까지는 이해관계자는 물론 투자자조차 대우조선해양의 심각성을 제대로 파악하지 못했습니다. 그러나 대우조선해양의 현금흐름은 이미 경고 신호를 보내고 있었습니다.

대우조선해양

(단위: 억 원)

구분＼연도	2014년	2013년	2012년	2011년	2010년	2009년	2008년
손익계산서							
영업이익	4,543	4,242	4,516	10,322	10,110	6,845	10,315
당기순이익	719	2,517	1,370	7,431	7,801	5,775	4,017
현금흐름표							
영업활동현금흐름	(5,233)	(12,680)	(7,746)	(309)	(1,249)	(12,795)	(3,199)
투자활동현금흐름	(2,243)	(1,136)	(4,945)	(4,521)	(4,053)	(51)	244
재무활동현금흐름	5,395	14,405	11,194	(5,062)	2,027	18,192	(1,320)
기말의현금및현금성자산	176	2,256	1,673	3,195	4,781	8,056	2,711

일부에서 대우조선해향의 현금흐름을 보고 문제를 제기하는 목소리가 있었지만, 자금 회수 기간이 긴 수주 산업의 회계적 특성 때문이라는 반론에 묻혀버렸죠.

2015년 이전 7년간 대우조선해양의 현금흐름을 살펴봅시다. 결과론에 불과하지만, 2008년 이후 영업이익과 당기순이익이 흑자인 회사의 영업활동 현금흐름은 모두 다 마이너스입니다.

대규모 계약에 따라 매출액 변동이 큰 수주 산업의 특성을 감안하더라도 현금 회수에 빨간 등이 켜진 상황이라고 봐야 합니다. 업계 현황이 좋지 않은 상황에서 수년에 걸친 흑자에도 불구하고 마이너스 현금흐름이라니……. 최악의 상황을 예측했어야 하지 않았나 하는 아쉬움이 남습니다.

4부

STEP 3
재무제표 따라 읽기

제3~15강부터는 본격적으로 재무제표를 읽어보겠습니다. 재무제표를 처음 읽는 사람도 손쉽게 따라올 수 있도록 '따라하기' 방법으로 기술했습니다. 특히 재무상태표, 손익계산서, 현금흐름표 등 각각의 재무제표를 읽을 때 알아둬야 할 체크포인트를 소개합니다.

DART에서 평소 관심 있던 기업의 재무제표를 찾은 후, 13~15강에서 소개한 방법을 활용하면 재무제표가 들려주는 이야기를 만날 수 있습니다.

13강은 재무상태표와 손익계산서를 함께 다룹니다. 둘을 한꺼번에 보는데는 이유가 있습니다. 손익계산서는 전년도의 재무상태표와 당기 재무상태표의 연결 고리입니다. 외부 환경의 큰 변화가 없다면 기업의 자산, 부채, 자본을 가장 많이 변화시키는 건 수입과 사용한 비용입니다. 이익과 비용의 손익계산서 때문에 재무상태표가 달라집니다. 따라서 재무상태표와 손익계산서는 함께 봐야 합니다.

또한 현금흐름표와 주석을 빼놓고는 재무제표를 이해했다고 할 수 없습니다. 14강은 현금흐름표와 주석을 읽어보겠습니다. 재무제표 읽기를 한 줄 요약하면 '재무 상태와 손익을 본 뒤, 주석과 현금흐름을 확인하는 과정'이라고 할 수 있습니다.

15강은 재무제표로 확인한 숫자를 한 편의 이야기로 풀어내는 법을 소개합니다. '5분 만에 읽는 재무제표 퀵리스트'도 알려드립니다. 시간을 얼마나 줄이느냐에 따라 정보의 가치가 달라집니다. 5분 만에 재무제표를 읽을 수 있다면, 이는 큰 경쟁력이 될 것입니다.

재무상태표와 손익은 함께 읽는다

"박 과장, 경남본부에서 올라온 협조 문서는 돌려보내고 담당자와 통화해서 제대로 작성한 뒤 다시 보내라고 하세요."

"네, 알겠습니다."

싸늘한 분위기에 이 대리는 박 과장의 눈치만 살핀다. 문 부장이 사무실을 나간다.

"과장님, 팀장님이 저렇게 화내는 거 처음 봤어요. 무슨 일이래요?"

"대단한 건 아닌데 기본적인 것을 틀리는 걸 못 참으셔. 특히 대리급 이상 직원들에게는……. 직장 생활의 매너라고 생각하시거든."

"문서요?"

"직장 생활 기본기는 문서에서 드러난다고 생각하시는 거지."

"늘 커뮤니케이션이 기본이라고 하시던데, 문서도 거기에 포함되나요?"

"이 대리, 연보상질이라고 들어봤어? 실무자는 연락하고, 보고하고, 상의하고, 질문하기 이 네 가지만 제대로 해도 업무를 잘하는 거란 뜻이야. 연락과 보고가 말로만 이뤄지나? 회사에서 오가는 대화는 대부분 문서로 이뤄지잖아."

"아! 팀장님은 상대 부서가 이해하지 못하게 만든 문서를 보면 기본기가 떨어진다고 생각하시는 거군요."

"그렇지. 오타, 수신 오류 등으로 내용을 읽기 힘든 문서를 아주 싫어하셔."

재무상태와 손익은 한 묶음

재무제표는 이해관계자의 이해를 돕기위한 일종의 재무 보고서입니다. 보고서는 일정한 형식을 갖추고 있습니다. 형식은 암묵적인 기준이기도 합니다. 13강부터는 이런 암묵적 기준을 파악해서 재무제표 읽는 요령과 순서를 알아보겠습니다.

먼저 재무상태표와 손익계산서를 읽어봅시다. 핵심은 재무상태표, 손익계산서를 한꺼번에 보는 것입니다.

DART에서 관심 가는 기업의 감사보고서를 검색해보십시오. 감사보고서의 처음 3~4장을 넘기고 나면 재무상태표가 등장합니다. 재무상태표, 손익계산서, 현금흐름표는 모두 표로 작성되어 있으며, 계정과목을 제외하면 온통 숫자뿐입니다.

여기서 한가지 팁, 재무상태표가 시작되는 바로 앞 장에서 몇 가지 기업 정보를 읽을 수 있습니다. 아래처럼 회사의 본점 소재지, 대표이사가 누구인지, 재무제표 발행 기준으로 회사의 나이를 알 수 있습니다. 간략한 내용이지만 회사를 파악하는데 도움이 되는 정보입니다.

제29기
2017년 01월 01일부터
2017년 12월 31일까지

제28기
2016년 01월 01일부터
2016년 12월 31일까지

'첨부된 연결재무제표는 당사가 작성한 것입니다.'

코웨이주식회사 대표이사 이해선

본점 소재지 : (도로명주소) 충청남도 공주시 유구읍 유구마곡사로 136-23
(전화) 041-851-7811~5

자, 그럼 본격적으로 재무상태표에서 손익계산서까지 주목해야 할 내용을 살펴봅시다. 잠깐! 숫자를 읽기 전에 꼭 기준이 되는 화폐 단위(단위 :   )를 확인하세요.

재무상태표, 손익 따라 읽기 체크포인트 10

동원개발의 재무제표를 따라 읽어 봅시다. DART에서 2017년 3월 31일에 공시된 동원개발 사업보고서의 감사보고서에 첨부된 재무제표를 봅시다.

체크포인트 ① 자산총계

회사 규모는 자산총계를 통해 알 수 있습니다. 외부감사 대상 기업의 자산 기준은 120억 원입니다. 자산이 120억 원 이상이면, 제법 큰 회사입니다.

▶ 2016년 기준 동원개발의 자산총계는 6,540억 원.

체크포인트 ② 부채총계와 ③자본총계(부채비율)

동원개발의 부채총계는 1,497억 원입니다. 부채(빚)가 회사에 어느 정도 영향을 미칠는지 아직 감이 오지 않죠? 이럴 때는 부채비율을 따져봐야 합니다. 일반적으로 기업의 부채비율이 200% 이상이면 위험하다고 봅니다. 자본이 100억 원인데, 부채가 200억 원이면 부채비율은 200%입니다. 내 돈보다 남의 돈이 두 배 많다는 뜻이죠. 알고 나면 부채비율의 개념은 어렵지 않습니다. 재무제표의 숫자로 부채비율을 간단히 계산할 수 있습니다. 재무상태표의 '부채총계 ÷ 자본총계'가 곧 부채비율입니다.

▶ 2016년 기준 동원개발의 부채총계는 1,497억 원, 자본총계는 5,042억 원.
   부채비율(부채총계/자본총계)은 29.7%

재무상태표

제 39 기 2016.12.31 현재
제 38 기 2015.12.31 현재

동원개발 (단위 : 원)

과목		제 39 기	제 38 기
자산			
유동자산		638,367,011,529	533,947,994,982
현금및현금성자산	❺	87,049,153,993	83,412,633,492
단기손익인식 금융자산		12,858,626,864	0
매출채권	❻	239,939,663,333	116,515,537,979
미청구공사		9,507,266,266	7,503,027,839
대여금및기타수취채권		45,024,864,763	16,241,665,899
재고자산		198,420,261,447	287,084,252,634
기타유동자산		45,567,174,863	23,190,877,139
비유동자산		15,633,383,915	12,085,828,627
매도가능금융자산		3,337,020,346	3,262,000,346
장기대여금및기타수취채권		7,793,157,562	4,958,524,618
투자부동산		234,703,842	239,203,542
유형자산	❼	959,152,363	928,760,880
무형자산		48,960,000	48,960,000
기타비유동자산		220,941,610	127,612,259
이연법인세자산		3,039,448,192	2,520,766,982
자산총계	❶	654,000,395,444	546,033,823,609
부채			
유동부채		137,035,112,364	120,522,664,980
매입채무		58,028,912,899	53,766,345,332
미지급금및기타지급채무		736,402,169	868,430,706
유동금융부채		948,666,660	948,666,660
당기법인세부채		23,372,672,945	20,279,792,802
유동충당부채		3,610,620	3,610,620
초과청구공사		12,126,014,028	9,878,771,809
기타유동부채		41,818,833,043	34,777,047,051
비유동부채		12,705,872,610	11,996,045,265
장기미지급금및기타지급채무		67,155,000	67,155,000
비유동금융부채		789,670,540	881,914,360
비유동금융보증부채		989,195,833	915,745,833
비유동충당부채		10,859,851,237	10,131,230,072
부채총계	❷	149,740,984,974	132,518,710,245
자본			
자본금		45,404,050,000	45,404,050,000
자본잉여금		7,027,298,857	7,027,298,857
이익잉여금(결손금)	❹	451,828,061,613	361,083,764,507
자본총계	❸	504,259,410,470	413,515,113,364
자본과부채총계		654,000,395,444	546,033,823,609

체크포인트 ④ 이익잉여금

자본 항목에서 이익잉여금은 반드시 챙겨봐야 합니다. 이익잉여금만큼 실제로 현금이 있는 것은 아니지만, 창업한 이후 지금까지 기업의 경영 활동을 통해 축적한 이익을 가늠할 수 있습니다. 이익잉여금의 증가 추세는 회사의 성장과 비례합니다.

▶ 2016년 기준 동원개발의 이익잉여금 4,518억 원

체크포인트★ 자산의 주요 구성을 통해 회사를 그려본다

'자산 = 부채 + 자본'이라는 공식이 있습니다. 이를 머릿속에 넣고 재무상태표의 자산 항목을 순서대로 읽어 나갑니다. 이때 회사를 이루고 있는 가장 큰 규모의 자산이 무엇인지 주목해봅니다.

▶ 2016년 기준 동원개발의 가장 큰 자산은 매출채권 2,399억 원

체크포인트 ⑤ 현금및현금성자산

자산계정의 가장 첫 번째 항목은 대부분 현금및현금성자산입니다. 현금및현금성자산은 바로 현금화할 수 있는 보통예금 등을 말합니다. 기업이 당장 꺼내 쓸 수 있는 돈이지요. 재무상태표의 항목들은 유동화, 즉 현금화가 쉬운 것부터 나열되어 있습니다. 순서대로 살펴보면 됩니다.

▶ 2016년 기준 동원개발의 현금및현금성자산은 870억 원

체크포인트 ⑥ 매출채권

매출채권은 쉽게 말해 매출액 중 남은 외상 잔액을 뜻합니다. 매출채권을 볼 때는 손익계산서의 매출액과 견주어봐야 합니다. 단지 "받아야 할 외상값이 기말에 얼마 남아 있냐?"만 보지 말고, 1년 전체 매출액 중 어느 정도가 외상으로 남는지 확인합니다.

예를 들어, 매출액 120억 원, 매출채권이 30억 원인 경우 월별 매출을 단순히 계산하면 '120÷12＝10', 즉 10억 원입니다. 따라서 12월 31일 기준으로 재무상태표에 매출채권이 30억 원 남아 있다면 "석 달치 매출이 아직 외상으로 남아 있구나"라고 보면 됩니다. 조금 더 생각해보면 발생한 매출이 3개월 늦게 현금으로 들어온다는 것을 알 수 있습니다. 당연히 외상값이 회수되는 시간은 짧으면 좋겠지요.

▶ 2016년 기준 동원개발의 매출채권은 2,399억 원, 매출액은 5,343억 원(월매출은 대략 445억 원), 따라서 매출채권이 현금화(회수 기간)되기까지의 기간은 대략 5.3개월로 추정된다.

체크포인트 ⑦ 유형자산

유형자산은 금액의 크기도 중요하지만, 세부 항목이 무엇인지 살펴야 합니다. 따라서 유형자산은 주석까지 보아야 하는 계정과목입니다.

유형자산은 일반적으로 토지, 건물, 차량운반구, 공구기구, 비품 등으로 구성됩니다. 대개 토지나 건물의 총액이 가장 큰 비중을 차지합니다. 간혹 유형자산에 대한 주석 중 '건설 중인 자산'의 금액이 크면 주의 깊게 살펴봐야 합니다. 건설 회사가 아닌 경우라도 구매 중인, 또는 짓고 있는 건물을 건설 중인 자산이라고 표기합니다.

▶ 2016년 기준 동원개발의 유형자산 9억 원

여기까지 동원개발의 재무상태표를 읽어보았습니다. 모두 일곱 가지 체크포인트입니다. 아직은 숫자가 어떻게 그림이 되는지 감을 잡을 수 없을 겁니다. 괜찮습니다. 재무제표를 많이 읽다 보면 자연스럽게 숫자 사이의 흐름을 이해하게 됩니다.

회계 초보자에게 권하는 지름길은 무조건 재무제표를 많이 읽는 것입니다. 읽을 때는 재무상태표나 손익계산서의 여백에 위의 체크리스트를 중심으로 메모를 하면서 읽어 내려가길 권합니다. 처음에는 자산, 부채, 자본 총계만 씁니다. 익숙해지면서 항목도 많아지고 숫자만으로 표현된 회사를 윤곽을 그리고 스케치하는 느낌으로 자신만의 회계 그림을 그릴 수 있을 겁니다.

이제 나머지 세 가지 체크포인트를 확인하기 위해 손익계산서를 보겠습니다.

포괄손익계산서

제 39 기 2016.01.01 부터 2016.12.31 까지
제 38 기 2015.01.01 부터 2015.12.31 까지

동원개발 (단위 : 원)

과목		제 39 기	제 38 기
매출액	⑧	534,393,480,582	514,966,839,571
분양수익		366,223,928,446	416,146,123,799
공사수익		167,519,731,164	98,549,357,473
임대수익		8,420,972	271,358,299
수수료수익		641,400,000	0
매출원가	⑨	389,585,732,073	385,285,657,143
분양원가		246,053,743,984	299,257,760,864
공사원가		143,531,988,089	86,027,896,279
매출총이익		144,807,748,509	129,681,182,428
판매비와관리비		13,658,433,689	12,559,071,626
영업이익(손실)	⑩	131,149,314,820	117,122,110,802
기타수익		1,085,451,209	1,973,261,993
기타비용		1,812,367,957	1,350,878,403
금융수익		713,261,406	866,559,058
금융비용		1,963,938	274,983,113
법인세비용차감전순이익(손실)		131,133,695,540	118,336,070,337
법인세비용		33,151,845,794	28,180,928,233
당기순이익(손실)	★	97,981,849,746	90,155,142,104
기타포괄손익		0	0

체크포인트 ⑧ 매출액, ⑨ 매출원가

손익계산서는 매출액에서 손익 항목과 비용 항목(매출원가, 판매관리비, 기타비용)을 뺀 최종이익을 계산한 재무제표입니다. 이 중 매출원가는 반드시 챙겨봅시다. 이 항목은 회사가 파는 제품과 서비스의 원가와 가격을 유추할 수 있는 중요한 수치입니다. 물론 영업기밀이라는 이유로 대부분 구체적인 숫자가 아니라 합계만 나옵니다. 하지만 이것 역시 나름 단서가 될 수 있습니다. 매출원가가 어느 정도인지 감을 잡아봅시다.

▶ 2016년 기준 동원개발의 매출액 5,343억 원, 매출원가 3,895억 원

체크포인트 ⑩ 영업이익과 ★당기순이익

영업이익은 주력 사업에서 얼마나 이익을 내는 회사인지 판단할 수 있는 근거가 됩니다. 영업이익 아래 있는 기타이익, 금융이익의 규모가 영업이익보다 크면 주의 깊게 봐야 합니다. 이 경우, 본업 외에 이익을 발생시키는 사업이 무엇인지 확인합니다. 그리고 마지막 이익, 회사가 직접 가져가 재투자 또는 배당할 수 있는 최종 금액인 당기순이익을 확인합니다.

▶ 2016년 기준 동원개발의 영업이익 1,311억 원, 당기순이익 979억 원

체크포인트 정리해 메모하기

재무상태표의 자산을 이용해 1년간 얼마나 팔고, 얼마나 어떻게 이익을 남겼는지 체크 포인트 1에서 11번까지 살펴본 결과를 대략적으로 정리하면 훌륭한 재무 정보 분석의 기초자료가 됩니다.

- 동원개발 재무상태 · 손익계산서 정리 메모 -

2016년 기준 동원개발의 자산총계는 6,540억 원, 부채와 자본총계는 각각 1,497억 원, 5,042억 원이다. 부채비율은 29.7%. 이익잉여금 4,518억 원을 기록하고 있다. 2016년 말 기준 동원개발의 가장 큰 자산은 매출채권 2,399억 원이며, 현금 및 현금성자산은 870억 원이다. 매출채권은 5.3개월 정도 후면 회수될 것이고, 5,343억 원의 매출액을 내는데 드는 원가는 3,895억 원이다. 2016년 동원개발은 1,311억 원의 영업이익을 냈고, 979억 원의 당기순이익을 남겼다.

숫자를 대략 훑어만 봤는데도 동원개발이라는 회사의 경영 성과가 나쁘지 않으며, 재무적으로 튼튼한 회사인 것을 알 수 있습니다. 다시 간략하게 무엇을 살펴봤는지 계정과목 키워드만 정리해봅시다.

자산총계 → 부채총계 → 자본총계 → 이익잉여금 → 매출채권, 현금및현금성자산 → 유형자산 → 매출액 → 매출원가 → 영업이익 → 당기순이익

재무상태표, 손익계산서, 두 가지 재무제표를 읽으면서 10~12개 정도의 항목을 살펴봤습니다. 순서대로 내려갔을 뿐인데, 회계 정보는 다양한 생각을 떠오르게 만듭니다. 특히 숫자로만 보이던 회사가 구체적으로 연상되는 효과가 있습니다. 이게 바로 재무제표 읽는 '맛'입니다.

실전! 재무제표 읽기 I

작지만 안정적인 이익을 내는 유한크로락스

회사 이름보다는 표백재 유한락스로 잘 알려진 유한크로락스의 재무제표를 읽어봅시다. 유한크로락스는 1975년 가정용 및 공중위생용 세정제와 살균제의 제조 및 판매를 목적으로 설립되었습니다. 이후 유한양행과 크로락스(The Clorox International Co.)라는 미국 회사와 각각 50%의 지분참여로 지금의 모습이 되었습니다. 체크포인트를 통해 어떤 회사인지 알아볼까요?

재무상태표
제 43 기 2017년 12월 31일 현재
제 42 기 2016년 12월 31일 현재

유한크로락스
(단위 : 원)

과목	제 43 기		제 42 기	
자산				
I. 유동자산		29,456,783,436		39,681,205,333
(1)당좌자산		27,947,232,987		38,236,202,666
1. 현금및현금성자산 ❺	5,703,931,542		6,799,618,205	
2. 단기금융상품	14,000,000,000		15,000,000,000	
3. 매출채권 (주석 14)	8,234,490,516		16,425,353,870	
대손충당금	(3,121,400)		(2,868,600)	
4. 미수금	3,292,329		3,099,191	
5. 선급금	8,640,000		11,000,000	
(2) 재고자산		1,509,550,449		1,445,002,667
II. 비유동자산		13,304,515,421		14,024,947,018
(1)투자자산		110,488,000		117,488,000
(2)유형자산(주석6)	❹	12,904,119,960		13,637,211,139

180

7.비품	546,683,685		431,318,685	
감가상각누계액	(369,274,029)		(337,912,719)	
(3)무형자산〈주석7〉		28,765,771		9,106,189
(4)기타비유동자산		261,141,690		261,141,690
1.보증금	261,141,690		261,141,690	
자산총계	❶	42,761,298,857		53,706,152,351
부채				
I. 유동부채		4,461,771,983		7,444,223,815
II. 비유동부채		52,930,833		51,414,824
부채총계	❷	4,514,702,816		7,495,638,639
자본				
I. 자본금		2,198,000,000		2,198,000,000
II. 자본잉여금		57,506,304		57,506,304
III. 이익잉여금〈주석 11,12〉		35,991,089,737		43,955,007,408
자본총계	❸	38,246,596,041		46,210,513,712
부채와 자본총계		42,761,298,857		53,706,152,351

① 유한크로락스의 2017년 기준 자산총계는 427억 원입니다. ② 유한크로락스의 부채총계는 45억 원, ③ 자본총계는 382억 원이니 부채비율이 12%(45/382)입니다.

자본 항목에서 43년 된 유한크로락스 이익잉여금 359억 원을 확인할 수 있습니다. ④ 유형자산 129억 원과 단기금융상품 140억 원이 자산 중에서 가장 큰 비중을 차지하네요. 가지고 있는 ⑤ 현금및현금성자산은 57억 원입니다.

손익계산서
제 43 기 2017년 12월 31일 현재
제 42 기 2016년 12월 31일 현재

유한크로락스   (단위 : 원)

과목		제 43 기		제 42 기
I. 매출액〈주석14,17〉	❻	52,821,054,742		46,640,589,799
II. 매출원가〈주석18〉		30,265,898,410		27,403,912,652
III. 매출총이익		22,555,156,332		19,236,677,147
IV. 판매비와 관리비〈주석18〉		16,038,092,600		11,894,101,649
V. 영업이익	❼	6,517,063,732		7,342,575,498
VI. 영업외수익		248,056,679		10,602,467,078
VII. 영업외비용		29,377,782		14,212,204
VIII. 법인세비용차감전순이익		6,735,742,629		17,930,830,372
IX. 법인세비용〈주석13〉		1,511,660,300		3,984,548,080
X. 당기순이익	❽	5,224,082,329		13,946,282,292

　　다음은 손익계산서 차례입니다. ⑥ 528억 원의 매출액을 만드는 데 드는 매출원가 302억 원이고, ⑦ 영업이익은 65억 원이며, ⑧ 당기순이익은 52억 원입니다. 매출액은 528억 원인데 매출채권은 82억 원입니다. 한 달에 44억 원(528/12) 정도 매출이 난다고 추정할 수 있습니다. 자산총계 427억 원의 유한크로락스는 부채비율이 12%로 낮은 편입니다.

　　표백제 유한락스는 장수 브랜드입니다. 재무제표를 읽어보니, 숫자도 그런 면모를 보여줍니다. 규모는 크지 않지만 안정적으로 수익을 내는 장수기업임을 확인할 수 있습니다. 자산총계가 427억 원인데 그보다 매출액(528억 원)이 더 큽니다. 부채도 거의 없고(부채비율 12%), 자본총계도 대부분 회사가 벌어들인 이익잉여금입니다. 몇 년치 재무제표를 살펴보니 영업이익도 매년 비슷한 수준을 유지하고 있습니다.

4,000억 원에 팔린 온라인 쇼핑몰 회사 '스타일난다'

재무상태표
제 12 기 2017년 12월 31일 현재
제 11 기 2016년 12월 31일 현재

주식회사 난다

(단위 : 원)

과목		제 12(당) 기		제 11(전) 기	
자산					
I. 유동자산			61,599,133,055		45,700,336,572
(1)당좌자산	❺		49,707,284,408		36,439,171,045
현금및현금성자산(주석3,10,14)	25,742,955,704			13,196,241,017	
단기금융상품(주석3,10,14)	8,378,462,612			9,083,238,450	
매출채권〈주석 14〉	12,226,703,817			13,251,547,118	
II. 비유동자산			52,086,733,770		52,007,645,166
(1)투자자산			4,414,852,302		3,919,419,138
(2)유형자산〈주석7,9〉	❹		46,793,492,496		47,167,027,285
토지 ❼	29,985,151,806			29,951,328,506	
건물	13,012,868,225			13,007,823,965	
감가상각누계액	(1,035,875,700)			(710,596,032)	
기계장치	11,800,000			11,800,000	
감가상각누계액	(11,798,000)			(11,798,000)	
시설장치	8,384,997,051			7,116,387,051	
자산총계	❶		113,685,866,825		97,707,981,738
부채					
장기차입금(주석10)	187,500,000			937,500,000	
부채총계	❷		20,449,569,811		16,501,419,374
자본					
Ⅰ. 자본금(주석15)			250,000,000		250,000,000
Ⅱ. 이익잉여금(주석16)			92,986,297,014		80,956,562,364
자본총계	❸		93,236,297,014		81,206,562,364

손익계산서
제 12 기 2017년 12월 31일 현재
제 11 기 2016년 12월 31일 현재

주식회사 난다   (단위 : 원)

과목		제 12 기		제 11 기
I. 매출액	⑥	167,468,967,225		128,664,348,992
II. 매출원가〈주석18〉	⑧	57,712,295,400		49,070,403,800
III. 매출총이익		109,756,671,825		79,593,945,192
IV. 판매비와 관리비〈주석19〉		84,327,237,055		51,765,377,227
V. 영업이익	⑨	25,429,434,770		27,828,567,965
VI. 영업외수익		574,821,505		817,853,466
VII. 영업외비용		1,733,465,194		1,066,406,135
VIII. 법인세비용차감전순이익		24,270,791,081		27,580,015,296
IX. 법인세비용〈주석13〉		7,241,056,431		5,684,028,998
X. 당기순이익	⑩	17,029,734,650		21,895,986,298

2018년 국내 온라인 쇼핑몰 '스타일난다'가 4,000억 원 안팎에 세계 최대 화장품 회사 프랑스 로레알그룹에 매각된다는 뉴스가 발표됐습니다. 인터넷 쇼핑몰은 소규모 사업이라고 생각했는데 4,000억 원이라는 숫자에 놀라지 않을 수 없습니다. 이 회사의 재무제표가 궁금합니다. 재무제표 체크포인트를 이용해볼까요? 스타일 난다의 공식 회사명은 '㈜난다'입니다.

① 난다의 2017년 자산총계는 1,136억 원입니다. ② 부채총계는 204억 원, 부채비율은 22%로 양호합니다. ③ 자본총계는 932억 원이며, 이익잉여금은 929억 원임을 확인할 수 있습니다.

스타일난다는 2006년에 세워진 회사입니다. ④ 자산 중 유형자산 467억 원이 제일 큰 비중을 차지하고, ⑤ 현금및현금성자산은 257억 원입니다. ⑥ 매출액은

1,674억 원, 매출채권은 122억 원입니다. 인터넷 쇼핑몰 사업인데 유형자산(467억 원)이 큰 비중을 차지해 살펴보니, 서울 마포와 강남 등에 ⑦ 토지, 건물을 보유하고 있습니다. 1,674억 원의 매출액을 만드는 데 드는 ⑧ 매출원가는 577억 원이고, ⑨ 영업이익은 254억 원이며, ⑩ 당기순이익은 170억 원입니다. 정리하면 자산총계 1,136억 원의 난다는 2017년 매출액 1,674억 원, 영업이익 254억 원, 당기순이익 170억 원을 기록했습니다.

'스타일난다' 매각과 관련해 여러 뉴스가 추가로 보도됐습니다. 대표는 35세 미혼 여성이며, 온라인 쇼핑몰이라고 하지만, 립스틱을 비롯한 화장품을 OEM 방식으로 중국에 판매했다고 합니다. 자산총계가 1,136억 원인 회사를 글로벌 화장품 회사가 4,000억 원에 인수한다니, 브랜드 가치를 지나치게 높게 쳐준 것은 아닌가 하는 생각이 듭니다. 그러나 '스타일난다'가 매년 250억 원 이상 기록한 영업이익을 감안하면 꼭 그렇게 볼 수는 없습니다.

매출채권
영업활동 과정에서 재화나 용역을 판매할 때 발생한 채권을 말한다. 외상매출금과 받을 어음이 이에 해당하는데, 쉽게 말해 외상값이다.

14강

현금흐름표와
주석 읽기

〔드라마 '응답하라 1994'〕 중에서

해태는 잔디밭에 모인 친구들에게 여자 친구와의 다툼에 대해 하소연한다.

"야들아, 도대체가 여자들은 왜 그런데? 이해할 수가 없당게."

사연을 들은 윤진이가 문제를 낸다.

"만약 나정이가 이사를 했는데 새 집이라 문을 닫으면 페인트 냄새가 나고, 창문을 열면 매연 때문에 기침이 난다. 어떻게 하면 좋을까?"

삼천포 : "당연히 닫아야지."

빙그레 : "여는 게 좋지 않을까?"

해태 : "문제가 뭐 이랴……. 몰라, 몰라."

"에그 이 빙신들아, 여자를 몰라도 이렇게 모른다니."

대부분의 남자는 이런 경우 문을 닫을지 말지 고민합니다. 그러나 여자들이 원하는 답은 전혀 다른 데 있습니다. 저녁에 이 이야기를 들은 칠봉이가 무심히 던진 말, "그런데. 나정이는 괜찮아?"

정답은 공감 능력이다.

직장 생활을 하는데 있어서는 회사 돌아가는 판세를 읽는 공감 능력이 필요하다. 경영 성과가 좋지 않을 때는 사내 분위기도 험악하게 마련이다. 이런 때 눈치 없는 신입사원은 깨지기 십상이다. 이런 일을 피하려면 어떤 제품, 어느 사업부가 실적이 좋지 않은지 알아야한다. 이제 갓 들어와 가르쳐주는 사람이 없다고 불평해선 안된다. 재무제표에 다 나오는 이야기이니까!

현금흐름표와 주석은 재무상태표와 손익계산서의 부족함을 채워주는 역할을 합니다. 특히 주석은 빠뜨리지 말고 챙겨봐야 합니다. 주석에는 숫자를 구체적으로 설명해주는 정보가 담겨 있습니다. 주석은 알아도 그만, 몰라도 그만인 정보가 아닙니다. 반드시 챙겨야 합니다. 주석은 분량으로 치면 재무제표의 90%를 차지합니다. 읽기에 버거운 양이지요. 그러나 '주석'답게 골라 읽는 법이 있습니다.

현금흐름표 읽기 체크포인트 3

현금흐름표를 읽는 법부터 살펴보죠. 현금흐름표는 발생주의 재무제표를 보완하는 재무제표입니다. 기업의 현재 상황을 가장 잘 보여주는 재무제표가 현금흐름표라고 말씀드린 거 기억하시나요? 12강에서 설명한 현금흐름의 8가지 패턴을 떠올려보세요. '이익은 주장이고 현금은 팩트'라고 했듯, 현금흐름표를 통해 기업의 '현금및현금성자산'(보통 쓸 수 있는 현금 잔액이라고 보시면 됩니다)을 직접 확인할 수 있습니다.

규모가 큰 기업의 경우, 거래는 회사 곳곳에서 이뤄집니다. 또한 돈도 빠르게 돕니다. 따라서 직접적인 현금거래 흐름을 파악하기보다는 영업활동 현금흐름, 투자활동 현금흐름, 재무활동 현금흐름, 기초기말의 현금잔액 네 가지 총량을 파악하는 것이 중요합니다.

카페베네의 2016년 현금흐름표를 읽어봅시다.

현금흐름표

제 9 기 2016년 1월 1일부터 2016년 12월 31일까지
제 8 기 2015년 1월 1일부터 2015년 12월 31일까지

카페베네 (단위 : 원)

과목		제9기		제8기
영업활동으로 인한 현금흐름	❸	2,199,514,415		(296,457,373)
투자활동으로 인한 현금흐름	❹	(5,310,618,315)		16,869,600,223
재무활동으로 인한 현금흐름	❺	7,497,099,118		(21,329,002,211)
기말 현금및현금성자산	❶	5,173,568,281	❷	773,862,061

└──── 44억 증감 ────┘

체크포인트 ① 해당 기업이 현재 보유한 현금을 확인합니다.

현금흐름표는 손익계산서의 영업이익과 달리 실제 기업이 가진 현금을 나타냅니다. 이를 꼭 확인해야 합니다. 영업이익에는 아직 현금화되지 않은 것은 물론, 회계적 수치가 포함됩니다. 기업이 당장 사용할 수 있는 현금을 확인합니다. 기말현금과 기초현금을 통해 현금의 증감 역시 챙겨야 할 항목입니다.

▶ 2016년 기준 카페베네의 ① 기말현금은 51억 원, ② 2015년 기말 현금은 7억 원입니다. 1년 사이에 현금이 44억 원이 늘어났습니다.

체크포인트 ② 기업이 현금을 어떻게 쓰고 있는지 확인합니다.

영업활동, 투자활동, 재무활동의 현금흐름을 통해 영업으로 얼마만큼 벌었는지, 자산을 팔거나 사는 투자에 돈을 어떻게 썼는지, 빚은 청산하고 있는지 등을 주의 깊게 살펴봅시다. 회사의 현금흐름은 기본적으로 막힘이 없어야 합니다.

▶ 2016년 기준 카페베네에서 44억 원의 현금이 늘어난 이유는 ③ 영업활동 22억 원, ④ 투자활동 -53억 원 ⑤ 재무활동 75억 원의 현금흐름이 있었기

때문입니다.

체크포인트 ③ 손익계산서의 영업이익과 영업활동 현금흐름의 숫자를 비교해봅시다.

영업이익과 영업활동현금흐름 숫자가 크게 차이난다면, 이해할 만한 이유가 제시되어야 합니다. 손익은 어느 정도 유지되는데, 실제로 그 기간에 회사에 직접 들어오는 현금이 턱없이 부족하다면? 회사가 위험하다는 신호일 수도 있습니다. 그 차이가 무척 크고 2~3년간 지속된다면 주의해야 하는 신호입니다.

주석 읽기 체크포인트 5

재무제표 숫자를 상세히 기술한 주석을 살펴보겠습니다.

주석 표기는 재무제표 과목 옆에 주석 칸을 따로 두거나 괄호로 표시합니다. 주석 번호에 따라 찾아가면 1.당사의 개요, 2. 재무제표 작성 기준 및 유의적인 회계 정책 등의 세부 설명을 볼 수 있습니다. 주석은 필요에 따라 아라비아 숫자와 (1), 1), 가) 등 기호로 표시합니다.

체크포인트 ① 주석 1번은 꼭 챙길 것.

주석 1번은 기업에 대한 '일반 사항', '당사의 개요'로 회사 설립일과 주력 사업에 대한 설명, 주요 주주 현황을 담고 있습니다. 기업의 기본 정보를 담았다고 보면 됩니다. 간혹 주주 현황이 없는 경우도 있는데, 그럴 경우 동일한 회사의 과거 2~3년간 재무제표를 거슬러 올라가면 확인할 수 있습니다. 기업의 주요 주주, 특히 대주주는 꼭 확인해야 할 사항입니다.

체크포인트 ② 주석 2~5번은 회계 기준과 주요 회계 정책에 대한 설명입니다.

주석 2~5번은 일반적으로 건너뛰어도 됩니다. 재무제표가 어떤 회계 기준에 의해 작성됐다는 기준을 설명하는 부분입니다. 우리나라 회계 기준은 중소기업 회계기준, 일반기업회계기준, 한국채택국체회계기준(K-IFRS) 세 가지가 있습니다. 회계 기준에 따라 재무제표의 표시가 달라집니다.

체크포인트 ③ 여러 개의 주석이 달려 있으면 가운데 번호에 주목하자.

아래 그림처럼 하나의 숫자에 '주석 ○, ○, ○'이라고 여러 개의 주석 번호가 붙어 있다면 일반적으로 앞 번호는 회계 기준을 설명하는 것이고, 마지막 번호는 다른 계정과목과 연관되어 있는 내용입니다. 보통 가운데 주석 번호가 상세 설명입니다. 주석 읽는 시간을 줄이는 방법입니다.

과 목	주석	제9기말	제8기말
자　　　산			
유동자산		30,572,487,464	39,131,019,051
현금및현금성자산	6, 7, 32, 36, 37	5,173,568,281	773,862,061
매출채권	8, 36	6,208,119,258	12,384,436,038
기타금융자산(유동)	9, 14, 36	13,333,906,267	15,349,234,995
당기법인세자산		12,904,497	155,631,739
기타유동자산	10, 36	568,323,777	1,116,601,298
재고자산	12	5,275,665,384	9,351,252,920
비유동자산		56,176,283,488	71,145,277,999
기타금융자산(비유동)	9, 14	9,431,648,795	14,315,395,342
매도가능금융자산	11, 30, 37	1,742,484,591	2,226,407,815

주식회사 카페베네　　　　　　　　　　　　　　　　(단위: 원)

체크포인트 ④ 특수관계자 거래 내역은 꼭 챙긴다.

재무제표의 숫자만 보고 나름 건실한 기업인 줄 알았더니 실상을 보니, 매출의 대부분이 내부거래여서 자생력이 없는 기업이 더러 있습니다. 이는 특수관계자에 관한 주석을 보면 파악할 수 있습니다. 특수관계자 거래 내역은 유심히 봐야 합니다. 특수관계자 사이에서 매출액이 부풀려지는 회계 부정이 이뤄지지는 않는지 주석을 통해 가늠할 수 있습니다. 투자를 하기 위해 재무제표를 살펴볼 때는 특히 특수관계자에 대한 채권, 채무 항목을 꼭 살펴봐야 하는 이유입니다.

34. 특수관계자 공시

(1) 당기말 현재 당사의 특수관계자는 다음과 같습니다.

구 분	회사명
종속기업	Caffebene Inc.
	Caffebene Hongkong Holdings Ltd.
	㈜비엔에스인터내셔날
	㈜마인츠홈
	Caffebene Taiwan Co., Ltd.
	Caffebene찬음관리유한공사
유의적인 영향력을 미치는 기업	K3 PRIVATE EQUITY FUND NO.5
	HALLYU VENTURES PTE LTD

체크포인트 ⑤ 주석 중 우발부채*와 소송 관련 사항은 주의 깊게 봅니다.

계류 중인 소송 사건도 주석에 기록됩니다. 소송 자체보다 소송가액이 중요합니다. 금액이 크면 패소할 경우 이익에 영향을 미칠 수 있습니다. 재무제표를 작성할 때 소송 결과를 예측하지 못하면 그 내용을 주석에만 표시합니다. 소송의 결과가 경영 활동에 어떤 영향을 미칠지 주의 깊게 봐야 합니다. 소송 관련 주석은 특히 꼼꼼히 살펴봅시다.

우발부채

우발부채는 다음의 ① 또는 ②에 해당하는 잠재적인 부채를 말한다. ① 사건은 과거에 발생했으나 기업이 전적으로 통제할 수 없거나, 부채의 존재만 확인되는 경우, ② 과거 사건이나 거래의 결과로 발생한 부채이나 얼마인지 추정할 수 없는 경우 우발부채로 잡는다. 우발부채는 부채로 인식하지 않으며, 주석에만 기재한다. 우발부채와 달리 확실한 부채는 충당부채로 잡는다.

33. 약정사항과 우발사항

(1) 계류중인 소송사건

당기말 현재 회사의 계류중인 소송사건 중 중요한 내역은 다음과 같으며, 현재로서는 동 소송의 전망을 예측할 수 없습니다.

(단위: 천원)

계류법원	사건명	원고	피고	소송가액	진행상황
대법원	시정명령문 취소	㈜카이아네	공정거래위원회	1,942,000	3심계류중
서울중앙지방법원	장산금청구	㈜카이아네	모루농장 농업회사법인㈜	1,142,674	1심계류중
서울동부지방법원	대여금	㈜카이아네	김선일	30,397	1심계류중
서울중앙지방법원	사정행위 취소 소	㈜카이아네	오세학	19,157	1심계류중
서울동부지방법원	물품대금	㈜카이아네	㈜지웰금산(총국우리솔)	545,322	1심계류중
서울동부지방법원	대여금	㈜카이아네	강효학,학순용	239,904	1심계류중
의정부지방법원	손해배상(기)	㈜카이아네	김선기(김창용)	2,781,650	1심계류중
의정부지방법원	양수금	김선기(김창용)	㈜카이아네	663,895	1심계류중
서울동부지방법원	회계대금	김선기(김창용)	㈜카이아네	500,000	1심계류중
서울중앙지방법원	손해배상(기)	비맘에스인라내셔널	뱀네홀딩스 김선기(김창용)	162,356	1심계류중
서울고등법원(춘천)	손해배상(기)	㈜카스끼	㈜카이아네	103,627	2심계류중
서울중앙지방법원	손해배상(기)	㈜아든개발(측정이마쓰물)	㈜카이아네	61,640	1심계류중
서울중앙지방법원	퇴직금 청구 소송	이두희 외 20	㈜카이아네	210,000	1심계류중
서울고등법원	추심금 청구의 소	기술신용보증기금	㈜카이아네	71,396	2심계류중
서울중앙지방법원	추가대금	나종수,김유창	㈜카이아네	400,000	1심계류중
대구지방법원서부지원	양수금	나영환	㈜카이아네	175,000	1심계류중
부산지방법원	양수금	유재구	㈜카이아네	110,000	1심계류중
서울동부지방법원	보증금	㈜지설코리아	㈜카이아네	100,000	1심계류중
서울동부지방법원	전대차보증금반환 청구외소	김운희	㈜카이아네	274,900	1심계류중
수원지방법원 성남지원	부당이득금 반환	㈜아이오모션	카이아네(예비적 피고) ㈜스카이씨앤에스	1,975,154	1심계류중

주석 검색 활용하기

　앞에 설명한 주석 체크 리스트 다섯 가지를 주석에서 일일이 찾기란 쉽지 않습니다. 이런 경우, DART의 검색 기능을 활용하면 편리합니다.

　DART에 접속해 해당 회사의 재무제표를 띄웁니다. '재무제표에 대한 주석' 페이지에서 단축기 'Crtrl＋F'를 누르면 ① 검색창이 나옵니다. 여기에 찾고자 하는 키워드를 써 넣으면 주석 페이지 안에서 해당 키워드가 포함된 부분을 골라 볼 수 있습니다.

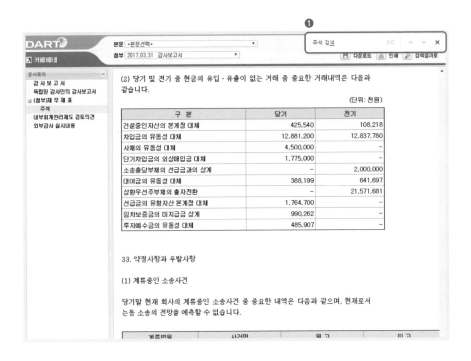

다음은 A 기업의 현금흐름표다. 7기 말 현금이 3억 원이 남아 있을 경우, 아래 그림의 현금흐름표상 빈칸을 8기, 9기 기말의 현금및현금성자산 숫자로 채우 시오.

구분	9기	8기	7기
영업활동 현금흐름	34	30	
투자활동 현금흐름	(67)	4	
재무활동 현금흐름	22	(2)	
기말의 현금및현금성자산	[B]	[A]	3

정답 : A: 35, B: 24

실전! 재무제표 읽기 Ⅱ

게임업계 첫 영업이익 1조 돌파, 네오플

게임이 고부가가치산업이라는 건 이제 누구나 아는 사실입니다. 하지만 영업이 익 1조 원이라면, 정말 대단합니다. 중국에서도 유명한 게임 '던전앤파이터'를 내놓은 회사 네오플이 그 주인공입니다. 대박난 회사 네오플의 현금흐름표를 읽 어보겠습니다.

현금흐름표

제 17(당)기: 2017년 1월 1일부터 2017년 12월 31일까지
제 16(전)기: 2016년 1월 1일부터 2016년 12월 31일까지

네오플

(단위 : 원)

구분		당기	전기
영업활동으로인한 순현금유입	❸	889,933,163,806	731,909,198,020
투자활동에서의 순현금유출	❷	(857,769,224,372)	(486,983,221,149)
재무활동에서의 순현금유출		–	–
기말 현금및현금성자산	❶	568,562,397,743	580,056,756,640

2017년 기준 네오플이 가진 현금은 현금흐름표의 ① 기말 현금및현금성자산으로 확인할 수 있습니다. 5,685억 원을 갖고 있습니다. 2016년의 5,800억 원과 비슷한 현금 보유량입니다. 네오플의 현금흐름은 특이하게도 ② 투자활동으로 8,577억 원을 사용했지만, 재무활동 현금흐름이 없습니다. 갚을 빚이 없거나, 굳이 빚을 질 이유가 없어 보입니다. 이미 밝혔듯, 영업이익 1조 636억 원인 네오플의 ③ 영업활동 현금흐름은 8,899억 원입니다. 게임 하나가 얼마만큼 이익을 낼 수 있는지 상상을 초월하네요.

비트코인? 가상화폐? 그 가치를 정확히 알고 싶다, 비티씨코리아닷컴

2017년 전 세계를 놀라게 한 경제 사건 중 비트코인을 빼놓을 수 없습니다. 2008년에 등장한 가상화폐인 비트코인은 2017년에 가격이 급등합니다. 그러자 수십개의 가상화폐와 관련 기업과 거래소가 잇따라 생겨났습니다. 비티씨코리아닷컴은 암호화폐 거래소 빗썸을 운영하는 회사입니다. 이 회사의 재무제표 주석을 통해 가상화폐에 관해 알아볼까요?

2018년 4월 13일 비트코인 등 암호화폐 거래소인 비티씨코리아닷컴의 재무제표가 최초로 공개됐습니다. 재무제표의 숫자도 중요하지만, 여기서는 주석에 나온 내용을 간략히 살펴보겠습니다.

---

1. 일반사항

주식회사 비티씨코리아닷컴(이하 "회사")은 2014년 1월에 설립되어, <u>소프트웨어 개발 및 공급업과 선불전자지급수단 발행 및 관리업</u> 등을 영위하고 있으며 암호화폐거래소 (www.bithumb.com)를 운영하고 있습니다. 회사의 본사는 서울특별시 강남구에 위치하고 있습니다. **❶**

당기말 및 전기말 현재 회사의 주주현황은 다음과 같습니다.

(단위: 주, %)

주주명	당기말		전기말	
	소유주식수	지분율	소유주식수	지분율
❷ ㈜비티씨홀딩컴퍼니	3,115,764	75.99	10,000	100.00
㈜비덴트	432,745	10.55	–	–
㈜옴니텔	346,196	8.44	–	–
기타	205,294	5.01	–	–
합계	4,099,999	100.00	10,000	100.00

2. 중요한 회계정책

재무제표의 작성에 적용된 중요한 회계정책은 아래에 제시되어 있습니다. 이러한 회계정책은 별도의 언급이 없다면, 표시된 회계기간에 계속적으로 적용되었습니다.

(1) 재무제표 작성기준

회사는 일반기업회계기준을 적용하고 있습니다. 일반기업회계기준은 '주식회사의 외부감사에 관한 법률'의 적용대상기업 중 한국채택국제회계기준에 따라 회계처리하지 아니하는 기업에 적용되는 기준입니다. 다만, 회사는 회사가 보유하고 있는 암호화폐에 대하여 일반기업회계기준에 적용 가능한 기준서가 없으므로 재무회계 개념체계에 따른 회사의 회계정책을 적용하였습니다.

회사는 암호화폐가 재무회계 개념체계의 자산의 개념(과거의 거래나 사건의 결과로서 현재 기업실체에 의해 지배되고 미래의 경제적 효익을 창출할 것으로 기대되는 자원)을 충족한다고 판단하여 자산으로 인식하였습니다.

❸ <u>회사는 암호화폐를 보고기간종료일로부터 1년 이내에 현금화 또는 실현될 것으로 예상되는 자산으로 판단하여 유동자산으로 분류하였습니다.</u>

---

① 주석 1번 회사 개요를 보면, 비티씨코리아닷컴은 2014년 1월에 설립되어 소프트웨어 개발 및 공급업과 선불전자지급수단 발행 및 관리업 등을 영위하고 있으며, 암호화폐 거래소(www.bithumb.com)를 운영하고 있습니다. ② 최대 주주는 비티씨홀딩컴퍼니(지분 75.99%)입니다.

암호화폐에 관한 회계 기준과 회계 정책은 주석 2번에 설명해놓았습니다. 요약하면, 암호화폐에 대한 회계 기준이 아직 없기에 '재무회계 개념 체계'에 따라 암호화폐는 자산이고, 특히 1년 이내 현금화 또는 실현될 수 있는 유동자산으로 분류했다고 기술하고 있습니다.

8. 암호화폐

(1) 당기말 및 전기말 현재 암호화폐의 내역은 다음과 같습니다.

(단위: 개, 백만원)

구분	당기말		전기말	
	수량	금액	수량	금액
비트코인(BTC)	3,229	60,279	863	1,029
이더리움(ETH)	65,421	66,298	-	3
대시(DASH)	7,847	10,978	-	-
라이트코인(LTC)	100,437	30,734	-	-
이더리움클래식(ETC)	787,993	13,867	-	-
리플(XRP)	40,894,963	113,766	-	-
비트코인캐시(BCH)	24,514	81,399	-	-
모네로(XMR)	10,089	4,572	-	-
제트캐시(ZEC)	2,473	1,600	-	-
퀀텀(QTUM)	724,029	27,486	-	-
비트코인골드(BTG)	10,590	7,219	-	-
이오스(EOS)	557,181	5,747	-	-
합계	④	415,941		1,032

당기에 회사는 암호화폐평가이익 293,197백만원(전기: 498백만원)과 암호화폐평가손실 788백만원을 인식하였습니다.

④ 주석 3번 암호화폐를 통해 이 회사가 보유하고 있는 열두 가지 암호화폐의 가치가 4,159억 원임을 확인할 수 있습니다.

이 외에도 특수관계자거래, 소송관계 등 주석에는 구체적인 회사 정보가 나타나 있습니다. 이처럼 주석을 통해 잘 알려지지 않은 회사 또는 새로운 기업의 숫자 외의 정보를 얻을 수 있습니다.

5분 만에 끝내는 재무제표 훑어보기

"이 대리, 이번에 입찰 들어온 회사가 모두 몇 곳이지?"

"모두 다섯 개 업체입니다. 그런데 제가 봐도 성삼이랑 대현 두 곳 빼고는 경쟁력이 없어 보입니다."

"벌써 그런 걸 볼 줄 아는 눈이 생겼어요?"

"꼭 그런 건 아닌데, 우리 회사를 대하는 태도가 남다릅니다. 이 두 곳은 담당자의 전화 목소리도 경쾌하고 소개서, 기획안도 충실합니다. 대현은 회사 재무제표까지 첨부했더라고요."

"대현 담당자는 여자 분이시던데, 그래서 더 꼼꼼하신 거 아냐?"

"그분은 성삼 과장님이시고요. 대현은 남자 차장님입니다."

"농담이야, 농담. 실무자인 우리는 더 꼼꼼히 살펴야겠지만 첫인상이 많은 걸 좌지우지하지. 그나저나 내일 아침까지 평가보고서를 제출해야 돼. 서류를 다 읽어보자고. 빠르고도 정확하게."

이것만은 확인하자! 재무제표 퀵 체크리스트

부동산만큼 인기 있는 재테크 수단은 없습니다. 관련 서적은 베스트셀러가 되고, 유명 부동산 강사의 수업은 순식간에 마감됩니다. 모든 투자가 그러하듯, 부동산도 물건의 상태, 입지, 시세 등 여러 가지 조건을 살펴봐야 합니다.

좋은 매물을 발견하더라도 최종 계약서에 도장을 찍기 전에 반드시 확인해야 할 기본 중의 기본 사항 다섯 가지가 있습니다. 첫째, 소유주가 누구인지 확인해야 합니다. 둘째, 담보대출이 얼마인지 다시 확인해야 합니다. 셋째, 거주하는 세입자를 파악해야 합니다. 넷째, 주변 시세를 통해 시세차액을 가늠해봐야 합니다. 마지막으로 큰돈이 오가는 거래인 만큼 계약 현장에서 소유자의 신분 확인은 반드시 필요합니다.

마찬가지로 투자를 위해, 이직을 위해, 비즈니스를 위해 급하게 특정 회사에 대한 재무제표 읽기가 필요할 때가 있습니다. 13~14강에서 소개한 정보를 순서대로 읽을 시간이 도저히 없더라도 아래 다섯 가지 핵심 사항만은 반드시 살펴봐야 합니다.

재무제표 체크리스트 5
대주주
자산과 부채비율
특수관계자 거래
소송 및 감사의견
최근 3년 이상 손익

체크리스트 ① 대주주(주석 1번)

회사의 주인이 누구인가는 무엇보다 중요한 정보입니다. 대주주와 내부지분율*도 챙겨봐야 합니다. 지분율은 대주주가 회사를 움직이는 힘의 크기를 가늠해볼 수 있습니다.

내부지분율
전체 발행 주식 가운데 소유주와 소유주의 이해관계자들, 보통 친척들이 보유한 주식비율을 말한다. 특수관계자는 최대주주의 친인척과 계열사 임직원, 계열사 지분, 자사주, 자사주 펀드가 포함된다.

체크리스트 ② 자산, 부채비율

아무리 급해도 재무상태표에서 자산총계와 대략적인 부채비율을 확인합니다. 부채와 자본이 어느 정도인지는 기본적인 판단 자료가 됩니다.

체크리스트 ③ 특수관계자 거래

친인척, 계열사, 관계회사 간의 거래가 많은지 확인합니다. 특히 매출액 중 특수관계자 거래 비중에 높다면 주의해야 합니다.

체크리스트 ④ 소송 및 감사의견

법적 다툼이 벌어지고 있는지 반드시 살펴봐야 합니다. 재무적으로 영향이 있을 정도의 소송가액인지 살펴보는 것이 핵심입니다. 감사인의 감사의견은 '적정'이 기본입니다. 그 외의 의견이라면 반드시 이유를 확인합니다.

체크리스트 ⑤ 3년 이상의 손익

손익계산서의 매출액, 영업이익, 당기순이익은 최소 3년 이상을 살펴봐야 합니다. 이때 세부적인 숫자보다는 변화의 추이에 주목합니다.

실전! 재무제표 읽기 Ⅲ

키이스트, 배용준이 회사를 판 이유는?

2018년 SM엔터테인먼트가 키이스트라는 회사를 인수했습니다. 키이스트는 배우로 유명한 배용준 씨가 최대 주주인 회사입니다. 왜 14년간 대표로 있던 회사를 파는 것인지, 호기심이 듭니다. DART에서 키이스트를 검색한 후 최신 재무제표를 열어봅시다. 그리고 가볍게 재무제표 퀵 리스트를 활용해볼까요?

키이스트 2017년 재무제표

① 대주주: 키이스트는 1996년에 설립되었으며, 2003년 상장된 엔터테인먼트 회사입니다. 배용준 씨의 지분은 24.51%입니다.

② 자산, 부채비율: 2016년 기준 자산총계 1,106억 원, 부채 288억 원, 자본 818억 원으로 부채비율 35%입니다(매각 발표 당시 확인할 수 있는 재무제표 기준).

③ 특수관계자 거래: 특수관계자는 작은 종속회사 몇 개이고, 최대 거래량도 10억 원 미만입니다.

④ 소송 및 감사의견: 소송건은 없으며, 감사의견은 적정으로 특이사항이 없습니다.

⑤ 3년 이상의 손익: 2016년 매출액은 932억 원으로 전년도에 비해 조금 줄었고, 영업이익은 2014년 이후 79억 원 → 77억 원 → -3억 원으로 적자 전환된 상태입니다. 당기순이익은 66억 원 → 60억 원 → -68억 원으로 적자 폭이 더 큰 편입니다.

다섯 가지 체크리스만 보면, 배용준 씨가 운영하던 키이스트가 안정적이지만 수익 측면에서 예전만 못한 순간에 중요한 결정을 내린 것으로 추정됩니다. 왜 회사를 팔았는지는 재무제표만으로는 그 속사정까지 정확히 알 수 없습니다. 회사를 잘 경영해 수익을 내는 것도 중요하지만, 사려는 쪽이 있을 때 경영권을 넘기는 것도 경영자의 중요한 판단 능력입니다. 재무제표만 보면 배용준 씨의 선택은 칭찬할 만합니다.

현대모비스와 현대글로비스 어디가 더 좋을까요?

최근 현대차그룹이 지배구조 개편안을 발표했습니다. 지배구조 개편이란 투자로 얽힌 계열사 간의 관계를 정리하는 일입니다. 이 과정에서 갑자기 주목받는 2개 회사가 있습니다. 바로 현대모비스와 현대글로비스입니다. 지배구조 개편이라는 복잡한 관계를 이해하기 전에 두 개 회사를 단순비교해볼까요? 다섯 가지 재무제표 체크리스트로 분석해 보겠습니다.

 현대모비스 2017년 재무제표

현대모비스입니다.

① 대주주: 1977년 차량 A/S용 부품사업과 모듈 및 부품제조사업 등의 생산 및 판매를 주요 사업 목적으로 설립된 현대자동차 계열 회사입니다. 최대 주주는 기아자동차(지분 16.88%)입니다.

② 자산, 부채비율: 2017년 기준 자산총계 41조 7,368억 원입니다. 현대차의 자산총계가 70조 정도이니 그에 비하면 적은 편이지만, 그래도 큰 회사입니다. 부채비율은 42% 양호합니다.

③3년 이상의 손익: 손익계산서의 손익 상황을 봅시다. 2016년까지는 좋았는데 2017년 들어 줄어든 편입니다. 2017년 매출액 35조 1,445억 원, 영업이익 2조 250억 원을 기록했습니다. 2014~2016년 영업이익이 3조 원 수준인데 비하면 다소 줄어들었습니다. 특히나 당기순이익은 2017년 1조 5,577억 원으로 2016년의 3조 472억 원에 비해 48%나 감소했습니다. 특수관계자와의 소송은 특이한 사항 없습니다.

다음으로 현대글로비스를 살펴볼까요?

 현대글로비스 2017년 재무제표

①대주주: 2001년 설립된 현대글로비스는 운송 및 복합물류사업과 CKD(CompleteKnock Down)부품 공급사업 등을 주 영업 목적으로 합니다. 최대 주주는 정의선(23.29%), 정몽구(6.71%), 현대차정몽구재단(4.46%), 기타(48.62%)입니다.

②자산, 부채비율: 2017년 별도 재무제표 기준으로 자산총계 7조 809억 원. 부채 3조 5,000억 원, 자본 3조 5,000억 원, 부채비율 99%입니다.

③3년 이상의 손익: 2017년 현재 매출액은 12조 9,861억 원입니다. 최근 6년간 영업이익은 4,229억 원 → 4,045억 원 → 4,231억 원 → 4,715억 원 → 5,41억 원1 → 5,400억 원으로 증가세를 보였습니다. 특히 2017년의 당기순이익은 6,349억 원입니다.

④특수관계자 거래: 특수관계자 거래는 종속 기업들과의 거래가 대부분입니다. 미국, 유럽, 인디아 현대차그룹의 종합물류 계열사로 전 세계 물류망을 가지고 있습니다. 해외에 완성차뿐만 아니라 철강(현대제철) 등 자동차 부품

등을 운반하고 있습니다.

⑤ 소송 및 감사의견: 감사의견은 적정이며, 소송은 특이 사항 없습니다.

이 두 회사 중 어느 곳이 현대차그룹의 중심 회사가 될까요? 재무제표를 본 여러분의 판단은 어떻습니까?

방송인으로 유명한 백종원 씨의 더본코리아의 2016년 재무제표를 다섯 가지 기준으로 체크해보자.

구분
대주주(지분율
자산총계, 부채비율
특수관계자 거래
소송 및 감사의견
2015년, 2016년 영업이익

정답:

대주주	백종원 지분율 76.69%
자산총계, 부채비율	712억 원, 62.3%
특수관계자 거래	3건 원
소송 및 감사의견	적정, 없음
2015년, 2016년 영업이익	109억 원, 197억 원

5부

STEP 4
나만의 재무제표
분석표 만들기

16~17강에선 기업의 재무상태와 흐름을 한 눈에 정리하는 재무제표 분석표를 소개합니다.

재무제표 4대 천왕(재무상태표, 손익계산서, 현금흐름표, 주석)을 따로 읽는 게 아니라 한꺼번에 볼 수 있다면 재무제표를 읽는 시간이 확 줄어듭니다.

재무제표 분석표는 재무제표를 빠르게 읽도록 도와줄 뿐 아니라 자신만의 재무제표 기록지를 만들 수 있게 해줍니다. 예전에 만든 재무제표 분석표가 있다면 새로운 재무제표가 공시될 때마다 업데이트만 하면 됩니다.

재무제표 분석표에 대한 기본적인 사항을 배운 뒤, 자신만의 재무제표 분석표를 만들어봅시다.

재무제표
3단계 정리법

"문 부장님, 어제 미팅한 ○○식품은 최근에 상황이 안 좋은가요?"

"무슨 소리야? 우리 회사 납품도 성공적이고, 지난해 많이 성장했잖아."

"그런데 왜 그렇게 그 회사 사장님은 앓는 소리를 하시는 거예요. 전 무슨 문제가 있는 줄 알았어요."

"직장인이 사장님의 스트레스를 어떻게 알겠어. 지금은 회사가 탄탄하지만, 그 사장님에게 사업 실패 경험이 꽤 있나 보더라고. 그 후론 항상 5년 뒤를 걱정하고 산대. 지금은 유통 쪽으로 사업을 확장하려고 검토하는 중이라던데."

"그래서 ○○식품의 재무제표를 보고 계셨군요. 아니, 그런데 어떻게 그렇게 계속 새로운 사업에 진출할 수 있는 거죠?"

"그러니까 사장님인 거지. 나름의 노하우가 있다고 하시더군. 비빌 언덕 만들기, 1~2위 사업자의 문제점 파악하기, 꾸준히 지속할 수 있는 서비스 만들기. 여하튼 대단하신 분이야! 이렇게 몇 가지 사안만 파악되면 새로운 분야에 도전하는데 부담이 없다고 하셨어."

목적이 있는 재무제표 읽기

난생 처음 보는 회사의 재무제표만 보고 기업의 속사정을 짐작할 수 있을까요? 100% 단정할 수는 없지만 어느 정도 파악할 수는 있습니다. 재무제표로 추정할 수 있는 기업 정보는 생각 외로 많습니다. 워런 버핏 같은 투자의 고수도 투자 기업을 물색할 때는 제일 먼저 재무제표를 꼼꼼하게 읽는다고 합니다.

숫자로 구성된 재무제표는 기업을 분석할 때, 객관적인 시각을 갖게 해줍니다. 이것이 바로 숫자가 주는 효과입니다. 꾸밈말 없는 자산총계, 매출액, 영업이익은 기업의 실체를 숫자로만 나타냅니다. 재무제표에 담긴 이익률, 생산성 등은 산업에 대한 이해도와 상관없는 통찰을 제공합니다.

단, 재무제표를 읽을 때는 목적이 분명해야 합니다. 전문 투자자는 투자 기업의 가치를 판단하기 위해 재무제표를 읽습니다. 투자한 금액을 회수할 방법이나 새로운 투자 기업 발굴이라는 분명한 '목적'이 있습니다. 목적이 분명하면 많고 많은 숫자 중에 챙겨봐야 할 정보가 추려지고, 따라서 재무제표를 빨리 읽을 수 있습니다. 투자 외에 이직, 보고서 작성, 기획 등 재무제표를 읽어야 할 목적이 분명하다면 재무제표 읽기는 보다 쉬워집니다.

여기에서는 기업을 읽는 재무제표 읽기 3단계를 소개합니다.

1단계 큰 숫자에 주목하라

회사 이름을 가리고 재무제표를 보십시오. 숫자만 보고 어느 회사인지 알 수 있을까요? 아마 막막할 겁니다. 순서대로 재무제표 페이지를 넘겨봅시다. 당황스러울 겁니다. 처음부터 끝까지 찬찬히 읽어도 머릿속에 남는 게 없습니다.

왜 그럴까요? 읽는 방법이 잘못됐기 때문입니다. 재무제표를 꼼꼼히 살피는 건 중요합니다. 그러나 모든 정보를 다 볼 필요는 없습니다. 중요한 포인트만 골라서 봐야 합니다.

첫 번째 재무제표인 재무상태표부터 시작합니다. 재무상태표는 크게 자산, 부채, 자본으로 구분되어 있습니다. 회계등식(자산=부채+자본)의 총계인 자산총계, 부채총계, 자본총계를 먼저 파악합니다. 그리고 많고 많은 숫자 중 무조건 숫자가 큰 것을 주목해서 봅시다. 예를 들어, 자산 항목 중 유형자산은 빠짐없이 나오는 중요한 항목입니다. 그러나 어떤 회사의 재무제표에서 자산이 100억 원이고 유형자산이 1,000만 원이라면, 유형자산은 더 이상 쳐다볼 필요 없습니다. 유형자산의 규모가 재무적 상황에 영향을 미칠 만한 크기가 아니기 때문입니다. 일단 덮어놓고 재무상태표의 큰 숫자에 형광펜으로 돋보이게 칠해봅시다. 읽는 것은 그 뒤의 일입니다. 숫자가 큰 항목을 형광펜으로 구별한 다음, 다시 한 번 회계등식(자산 = 부채 + 자본)의 항목 자산, 부채, 자본 총계를 떠올려봅시다.

이해를 돕기 위해 ㈜아남정보기술(현재 에이티앤)의 2014년 재무제표를 보겠습니다. 다음 페이지를 보시죠.

재무상태표

제 20 기 2014. 12. 31. 현재
제 19 기 2013. 12. 31. 현재

아남정보기술(현 에이티엔)　　　　　　　　　　　　　　　　　　(단위 : 원)

	제 20 기	제 19 기
자산		
유동자산	8,748,412,655	8,516,883,061
현금및현금성자산	957,231,214	1,298,375,671
기타유동금융자산	2,777,400,000	2,751,256,566
매출채권 및 기타유동채권	3,719,929,292	3,504,162,340
당기법인세자산	22,386,386	9,640,918
재고자산	1,271,465,763	953,447,566
비유동자산	7,391,871,189	7,011,772,039
기타비유동금융자산	3,796,445,916	3,112,687,416
기타비유동자산		
지분법적용 투자지분		
장기매출채권 및 기타비유동채권	935,500,020	997,599,840
유형자산	2,297,023,012	2,468,584,851
영업권 이외의 무형자산	362,902,241	432,899,932
이연법인세자산		
자산총계 ❶	16,140,283,844	15,528,655,100
부채		
유동부채	9,492,543,459	8,720,464,250
매입채무 및 기타유동채무	4,679,060,034	3,713,997,250
단기차입금	4,746,843,425	4,939,827,000
유동성장기차입금	66,640,000	66,640,000
비유동부채	1,111,059,867	1,014,151,252
퇴직급여채무	370,002,249	210,985,167
장기차입금	16,740,000	83,380,000
기타비유동채무	724,317,618	719,786,085
이연법인세부채		
부채총계 ❷	10,603,603,326	9,734,615,502
자본		
납입자본	9,218,861,180	9,218,861,180
자본금	3,714,750,000	3,714,750,000
주식발행초과금	5,504,111,180	5,504,111,180
기타자본구성요소	1,517,321,183	983,989,553
이익잉여금(결손금)	(5,199,501,845)	(4,408,811,135)
자본총계 ❸	5,536,680,518	5,794,039,598
자본과부채총계	16,140,283,844	15,528,655,100

㈜아남정보기술의 2014년 현재 자산총계는 ① 161억 원, ② 부채총계는 106억 원, ③ 자본총계는 55억 원입니다. 재무상태표의 자산총계 기준으로 161억 원 규모의 회사인데, 남의 돈 106억 원과 내 돈 55억 원으로 20년 동안 161억 원의 기업 규모를 이루었습니다. 이처럼 자산, 부채, 자본 총계를 먼저 확인하는 이유는 자산을 구성한 부채와 자본의 비율을 체감하기 위해서입니다.

자 이제, 비중이 높은 항목이 무엇인지 찾아봅시다. 자산과 부채는 각기 유동과 비유동 항목 중에서 크기가 큰 숫자를 찾습니다. 예로 든 아남정보기술은 기타유동금융자산, 기타비유동금융자산, 유형자산의 숫자가 크고, 부채 중에서는 매입채무와 단기차입금이 큽니다. 이것들이 아남정보기술의 재무제표를 읽을 때, 주의 깊게 봐야 할 계정과목이 됩니다. 동종업계 기업과 비교할 때도 이렇게 기준을 세우면 기업을 이해하는 데 도움이 됩니다.

1단계 큰 숫자 확인하기는 기계적으로 진행해도 됩니다. 재무상태표를 열고 무조건 큰 숫자에 색칠합니다. 단순하지만 유용하니 꼭 기억하세요.

2단계 주석 골라보기

2단계는 1단계에서 골라낸 큰 숫자를 중심으로 주석 골라보기입니다. 재무제표에서 큰 숫자는 재무적으로 영향력이 높다는 의미나 마찬가지입니다. 그러나 계정과목은 회계 용어일 뿐, 숫자의 구체적인 실체를 파악하는 데 한계가 있게 마련입니다. 주석을 통해 이에 대해 자세히 알 수 있습니다. 예를 들어봅시다. 2014년 동원개발의 재무상태표입니다.

재무상태표

제 37 기 2014. 12. 31. 현재
제 36 기 2013. 12. 31. 현재

동원개발　　　　　　　　　　　　　　　　　　　　　　　　　　　　　(단위 : 원)

	제 37 기	제 36 기
자산		
유동자산	422,900,014,660	375,852,110,607
현금및현금성자산	75,110,242,011	14,071,703,716
매출채권	27,271,109,229	22,332,492,501
미청구공사	4,648,457,199	2,816,335,016
대여금및기타수취채권	2,301,028,666	6,895,124,505
재고자산(주석9)　❷	278,595,352,045	327,426,123,272
기타유동자산	34,973,825,510	2,310,331,597
비유동자산	10,563,135,431	11,245,746,155
기타비유동금융자산	3,162,480,346	3,135,940,346
매도가능금융자산	3,162,480,346	3,135,940,346
장기대여금및기타수취채권	4,102,025,672	4,737,182,323
투자부동산	511,000,308	1,574,776,415
유형자산	980,524,585	1,033,159,475
무형자산	181,820,000	181,820,000
기타비유동자산	64,054,237	101,872,987
이연법인세자산	1,561,230,283	480,994,609
자산총계　❶	433,463,150,091	387,097,856,762
부채		
유동부채	95,040,225,784	67,969,155,211
매입채무	28,491,430,641	38,953,610,295
미지급금및기타지급채무	9,679,561,992	1,251,047,769
유동금융부채	948,666,660	948,666,660
당기법인세부채	14,802,374,091	4,623,021,791
유동충당부채	3,610,620	5,622,029
❶　초과청구공사	6,264,877,656	0
기타유동부채	34,849,704,124	22,187,186,667
비유동부채	10,473,111,797	46,970,993,752

장기미지급금및기타지급채무	525,457,255	8,707,830,790
비유동금융부채	973,963,160	30,979,121,160
비유동금융보증부채	1,475,000,000	925,000,000
비유동충당부채	7,467,791,246	5,546,133,602
기타비유동부채	30,900,136	812,908,200
부채총계	105,513,337,581	114,940,148,963
자본		
자본금	45,404,050,000	45,404,050,000
자본금	45,404,050,000	45,404,050,000
자본잉여금	7,027,298,857	7,027,298,857
기타자본잉여금	7,027,298,857	7,027,298,857
이익잉여금(결손금)	275,518,463,653	219,726,358,942
법정적립금	3,704,439,350	3,382,199,210
임의적립금	209,555,000,000	181,555,000,000
미처분이익잉여금(미처리결손금)	62,259,024,303	34,789,159,732
자본총계	327,949,812,510	272,157,707,799
자본과부채총계	433,463,150,091	387,097,856,762

2014년 동원개발의 자산총계는 ① 4,334억 원입니다. 이 중 ② 유동자산의 재고자산 2,785억 원이 제일 큽니다. 재고자산이 자산총계에서 가장 큰 비중을 차지하는 만큼, 더 자세히 알아봐야 할 필요가 있습니다. 재고가 구체적으로 어떤 것이냐에 따라 동원개발의 실제 상황이 판명될 것이기 때문입니다. 재고자산의 주석은 9번입니다. 주석에는 '보고 기간 말 현재 재고자산 내역'이 상세히 담겨 있습니다.

9. 재고자산

(1) 보고기간말 현재 재고자산의 내역은 다음과 같습니다 (단위 : 천원).

과 목	2014.12.31	2013.12.31
완성주택	37,948,867	67,271,568
완성상가	1,468,493	1,702,604
용지	1,441,475	1,441,475
미완성공사	237,736,517	257,010,476
합 계	278,595,352	327,426,123

주석에 나온 표를 보면 완성주택 379억 원, 미완성 공사가 2,377억 원입니다. 동원개발은 아파트를 지어 분양하는 회사인데, 완성주택의 재고가 전체 재고 자산 중 차지하는 비중이 적다니 다행입니다. 재고로 남아 있는 완성주택은 곧 미분양을 뜻하기 때문입니다. 이처럼 계정과목 주석을 통해 회사에 대한 구체적인 정보를 얻을 수 있습니다.

1단계 큰 숫자에 색칠하기를 통해 확인해야 할 항목을 고르고, 주석을 통해 구체적인 정보를 확인합니다(건설사의 경우, 재무제표 주석을 뒤져보면 현재 짓고 있는 건설 현장에 대한 정보도 자세히 알 수 있습니다). 주석은 회계 정보의 보물창고입니다. 주석을 읽다 보면 숫자에 숨겨진 가치를 확인하는 재미가 쏠쏠합니다. 다만 페이지 수가 많고, 내용이 방대해서 읽기가 다소 힘들기도 합니다. 1단계를 통해 걸러낸 계정과목을 2단계 주석 골라 읽기를 통해 자세히 파악합니다.

간혹 숫자는 크지 않지만 전에는 없던 항목이 갑자기 등장하면 주석을 통해 왜 새로운 항목이 생겨났는지 확인해야 합니다. 예를 들어, 동원개발의 전기에는 없었던 ③ 초과청구공사가 2014년에 62억 원 생겼습니다. 62억 원은 자산(4,334억 원) 규모 전체를 보면 그리 큰 비중을 차지하는 건 아닙니다. 그러나 어떤 경우 이런 항목이 회사 경영 상태의 방향을 알려주는 신호가 될 수도 있습니다. 2단계 주석 골라보기는 재무제표와 뒷부분의 주석을 왔다 갔다 해야 하기 때문에 다소 번거롭습니다. 그러나 주석으로 얻을 수 있는 정보는 그 같은 수고를 보상하고도 남습니다. 숫자의 변화도 중요하지만 그런 변화가 나타난 이유가 더 중요하기 때문입니다.

3단계 분석표 만들기

1~2단계를 통해 기업에 대해 대략 파악했습니다. 자산이 어떤 항목으로 구성

되어 있고, 그중에 중요한 항목이 무엇인지도 골라서 보았습니다. 주석 골라 보기로 숫자에 담긴 의미도 이해했습니다.

그러나 우리가 확인한 자료는 해당 년도와 바로 직전 해의 회계 정보입니다. 기업의 재무제표 자료를 4~5년 이상 정리한다면 더 많은 정보를 얻을 수 있지 않을까요?

재무제표 표 만들기를 통해 정보를 시각화해봅시다.

화장품 제조 · 판매 및 수출입이 주요 사업인 네이처리퍼블릭이라는 회사가 있습니다. 젊은 여성들 사이에 수분크림으로 인기를 끌었는데, 2016년 색다른 이슈로 곤란해진 적이 있습니다. 바로 오너 리스크 때문이었습니다. 과연 이 회사의 미래는 어떻게 될까요? 이럴 때 필요한 것은 회사의 과거, 현재, 미래에 대한 객관적인 평가입니다. 너무 어려운 주문 아니냐고요? 아닙니다. 이런 것은 재무제표를 통해 누구나 충분히 확인할 수 있습니다.

네이처리퍼블릭은 2011년 이후 매출액이 늘어나는 추세였습니다. 영업이익도 2014년 238억 원으로 놀라운 실적을 냈습니다. 하지만 2016년 사건 이후 매출액이 하락합니다. 재무제표는 기업경영활동의 거울입니다. 기업 내외부에서 벌어지는 일은 재무제표에 영향을 줍니다. 2011~2017년까지의 네이처리퍼블릭 재무제표 숫자의 추세를 그래프로 만들어 보면, 쉽게 알 수 있습니다.

 네이처리퍼블릭 DART 검색 결과

재무제표 읽기 3단계는 추세분석이 가능한 재무제표 분석표 만들기입니다. 3단계를 통해 1년치 재무제표를 파악하는 것만으로는 알 수 없는 정보를 얻을 수 있습니다.

어렵지 않습니다. 재무제표의 자산총계, 매출액, 영업이익 등 중요한 숫자로
간단한 표를 만들면 됩니다. 나열된 숫자로 회사가 창업한 해부터 어떤 규모로
성장했는지, 특히 어느 시점에 이익이 적자에서 흑자로 전환됐는지 확인할 수 있
습니다. 그 결과를 바탕으로 일시적으로 부정적인 이슈가 있더라도 기업 실체에
대한 판단을 다르게 내릴 수도 있습니다. 표 만들기는 엑셀을 이용하면 좋습니
다. 재무제표는 당기 ← 전기 순서로 왼쪽부터 최신 숫자입니다.

재무제표의 숫자만으로도 간단한 기업 분석표를 만들 수 있습니다. 표를 그래
프로 전환하면 보고서의 참고자료로 활용할 수 있습니다.

네이처리퍼블릭 분석표

(단위 : 억 원)

구분 \ 연도	2017	2016	2015	2014	2013	2012	2011
자산총계	1,349	1,496	1,794	1,382	912	949	433
매출액	2,226	2,618	2,847	2,552	1,717	1,284	907
영업이익	(16)	(95)	163	238	(5)	(43)	54
당기순이익	(80)	(120)	103	162	(29)	(70)	(54)

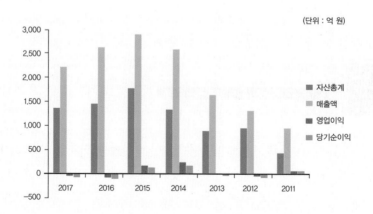

실전! 재무제표 3단계 정리법

통신사로 M&A? 전국망 가진 케이블TV 회사 CJ헬로

2018년 초 CJ헬로(옛 CJ헬로비전)는 회사 매각(최대주주 지분 매각)설에 휩싸입니다. CJ헬로는 이에 대해 공식적으로 사실이 아니라고 밝혔습니다. 하지만 이후 인수대상자로 통신사가 거론되는 등 소문이 끊이지 않았습니다. 재무제표 3단계를 통해 CJ헬로의 상황을 살펴볼까요?

재무상태표
제 23 기 2017. 12. 31. 현재
제 22 기 2016. 12. 31. 현재

CJ헬로 (단위 : 원)

	제 23 기	제 22 기
자산		
유동자산	316,263,335,637	315,292,034,373
현금및현금성자산	64,687,631,674	59,480,213,621
단기금융상품	4,000,000,000	
매출채권	203,116,248,455	216,971,391,346
단기대여금	150,000,000	350,000,000
유동성장기대여금	1,517,040,788	443,818,565
선급금	5,040,440,450	1,018,374,777
재고자산	19,082,502,273	12,778,488,565
기타유동금융자산	15,965,159,361	16,708,207,244
기타유동자산	2,704,312,636	7,541,540,255
비유동자산	1,551,891,888,718	1,524,899,640,493

관계기업투자		3,447,983,326	3,086,840,754
투자부동산		9,799,987,532	9,863,651,564
유형자산(주석13)	❹	687,805,912,789	693,684,708,114
영업권	❺	572,283,406,730	572,283,406,730
기타무형자산		173,818,770,481	185,564,188,574
이연법인세자산		15,750,632,814	20,805,969,007
장기매출채권		29,809,033,647	19,599,489,821
기타비유동금융자산		46,523,009,455	12,783,969,312
기타비유동자산		12,653,151,944	7,227,416,617
자산총계	❶	1,868,155,224,355	1,840,191,674,866
부채			
유동부채		361,302,908,555	565,112,673,578
매입채무		16,675,340,970	14,255,814,548
미지급금		124,264,613,579	126,980,576,518
단기차입금			150,000,000,000
유동성장기부채		151,912,430,112	208,607,001,647
당기법인세부채			
기타유동금융부채		40,229,418,797	48,571,163,114
기타유동부채		28,207,416,914	16,601,345,481
유동충당부채		13,688,183	96,772,270
비유동부채		519,729,855,191	308,424,137,834
사채	❻	511,049,810,304	299,505,586,025
장기차입금			1,991,620,000
퇴직급여채무		4,381,163,211	4,501,077,960
기타장기종업원급여		1,204,066,148	583,436,727
기타비유동금융부채		1,815,675,318	525,973,580
장기예수보증금		393,145,688	358,145,688
비유동충당부채		593,806,626	310,605,779
장기이연수익		292,187,896	647,692,075
부채총계	❷	881,032,763,746	873,536,811,412

자본		
자본금	193,617,162,500	193,617,162,500
기타불입자본	190,095,891,463	190,095,891,463
기타자본항목	10,901,556	(16,672,968)
이익잉여금(결손금)	603,398,505,090	582,958,482,459
자본총계 ❸	987,122,460,609	966,654,863,454
자본과부채총계	1,868,155,224,355	1,840,191,674,866

1단계 큰 숫자에 주목하기 2017년 기준 CJ헬로의 ① 자산총계는 1조 8,681억 원, ② 부채는 8,810억 원, ③ 자본은 9,871억 원으로 부채비율(부채/자본)은 89% 입니다. 재무상태표의 자산 항목 중 숫자가 가장 큰 것은 ④ 유형자산 6,878억 원, 그다음은 ⑤ 영업권 5,722억 원입니다. 부채 중에선 ⑥ 5,110억 원으로 사채 의 숫자가 가장 큽니다.

자산(약 1조 8,681억 원)은 부채(8,810억 원)와 자본(9,871억 원)으로 구성돼 있으 며, 유형자산과 영업권이 회사를 구성하는 자산 중 비중이 높습니다.

2단계 주석 골라보기 주석 13번 유형자산을 찾아보니, 유형자산 중에서 기계 장치가 5,682억 원입니다. 종합유선방송사업을 위한 기계장치(케이블, 송신장비 등)로 추정됩니다. 영업권은 사업결합(종속기업 인수 등)으로 인해 발생했으며, '주 석 34 보고 기간 후 사건'에서도 "작년 말에도 이사회 결의한 대로 '하나방송'을 253억 원에 인수"했다는 사실을 알 수 있습니다.

3단계 표 만들기 CJ헬로의 2017년 감사보고서에 첨부된 재무제표 숫자로 간 단한 표를 만듭니다. 재무제표에는 전기 바로 직전 연도의 숫자도 함께 표기되어 있습니다. 1단계에서 주목했던 큰 숫자만 표에 넣어봅니다. 자산, 유형자산, 영업권은 큰 변화가 없습니다. 사채만 2,995억 원에서 5,110억 원으로 늘었습니다. 매출액 규모도 비슷합니다. 그래도 영업이익과 당기순이익은 상승했습니다.

CJ헬로 재무제표 분석표

(단위 : 억 원)

구분 / 연도	2017	2016
자산총계	18,681	18,401
유형자산	6,878	6,936
영업권	5,722	5,722
부채총계	8,810	8,735
사채	5,110	2,995
자본총계	9,871	9,666
이익잉여금	6,033	5,829
매출액	11,198	11,006
영업이익	729	430
당기순이익	288	215

1~3단계를 통해 정리해보면 CJ헬로는 안정적인 경영 상태를 보이고 있습니다. 이익도 잘 나고 있습니다. 매각설은 최소한 회사가 어려워서 나온 것은 아닌 것으로 추정됩니다. 재무제표를 읽은 바로는 말입니다.

모뉴엘의 '주석'은
이미 고백하고 있었다

2014년 10월 법정관리 등으로 불거진 로봇청소기업체 모뉴엘 사태는 7,000억 원대의 대출 사기로 일파만파 번졌습니다. 빌 게이츠가 칭찬한 혁신 기업이란 수식어가 따라다니던 모뉴엘은 마치 신기루처럼 2014년 사라지고 맙니다. 가전업체 모뉴엘의 실체는 해외 매출액을 부풀리는 방법으로 투자자를 속여 천문학적인 손실을 입힌 사기 기업입니다 무역보험공사와 국내 주요 은행은 이 기업으로 인해 3조 원 이상의 사기대출 피해를 입은 것으로 밝혀졌습니다.

그런데 모뉴엘의 대출 신청을 거절한 은행이 딱 한 곳 있었습니다. 그 은행은 대출 거절 근거가 모뉴엘 재무제표에 있다고 설명했습니다. 대출 심사 담당자가 모뉴엘의 재무제표 주석에서 이상한 점을 발견했기 때문입니다. 주석의 중요성이 드러난 사례라 하겠습니다. 재무제표에 무슨 문제가 있었던 것일까요? 구체적으로 살펴봅시다. 모뉴엘은 2014년 12월 파산했지만 2013년 재무제표는 DART에 기록으로 남아 있습니다.

2013년 모뉴엘 별도재무제표

2013년 기준으로 모뉴엘은 자산총계 3,455억 원, 부채 2,057억 원, 자본 1,398억 원 규모의 회사입니다. 손익계산서상의 매출액은 1조 1,409억 원이며, 영업이익은 1,050억 원입니다. 자산 규모에 비해 매출액이 매우 높습니다. 자본 항목의 이익잉여금도 1,409억 원입니다. 재무제표상으로는 건전해 보입니다. 재무제표의 숫자만 봐서는 뛰어난 투자처로 보이지만, 주석을 살펴보면 이야기가 달라집니다. 주석 6번 매출채권 항을 보면 이런 문구가 있습니다.

6. 매출채권

(1) 매출채권의 세부 내역

(단위: 천원)

구 분	2013.12.31	2012.12.31
매출채권	49,442,672	31,095,585
대손충당금	(12,109,714)	(1,851,028)
매출채권 순액	37,332,958	29,244,557

(2) 당기 중 인식한 대손상각비는 10,847백만원(전기: 700백만원)이며, 매출채권 중 589백만원(전기: 8백만원)은 제각되었습니다(주석 23 참조).

(3) 회사는 당기 중 금융기관에 1,058,056백만원(전기 : 746,227백만원)에 상당하는 매출채권을 양도하고 현금을 수령하였습니다. 이 거래는 매출채권 매각거래로 회계처리하였으며 이로 인하여 당기 중 발생한 매출채권처분손실은 13,279백만원(전기: 10,599백만원)입니다(주석 25 참조).

"회사는 당기 중 금융기관에 1,058,056백만 원(1조 580억 원)에 상당하는 매출채권을 양도하고 현금을 수령하였습니다."

당시 모뉴엘은 매출채권의 대부분을 팩토링*해

팩토링
거래 기업이 외상매출채권을 팩토링 회사에 양도하고 팩토링 회사는 채무자로부터 매출채권의 대가를 추심하는 방법이다. 은행을 통해 팩토링하는 것은 어음할인, 흔히 말하는 '어음깡'이라고 할 수 있다.

서 버티고 있었습니다. 매출액의 대부분을 은행에 넘기고 돈을 미리 당겨 받은 것이 지요. 그럴 경우, 매출채권을 싸게 넘겨야 하기 때문에 당연히 손실이 발생합니다. 손익계산서에도 매출채권처분손실이 136억 원 있다는 사실이 담겨 있습니다. 모뉴엘의 가짜 매출에 관한 흔적은 주석 26번 영업의 집중에서도 찾을 수 있습니다. 주석 26번은 총매출액이 발생하는 주요 거래처에 대한 정보입니다. 거래처 A, 거래처 B, 거래처 C로 표기된 표가 보입니다.

26. 영업의 집중

(단위: 천원)

구 분	금 액		비 중	
	당기	전기	당기	전기
총 매출액	1,140,984,801	825,132,397		
거래처 A	436,765,065	433,860,652	38.3%	52.6%
거래처 B	284,572,771	185,520,375	24.9%	22.5%
거래처 C	246,235,228	–	21.6%	–
거래처 D	49,134,197	23,747,231	4.3%	2.9%
소 계	1,016,707,261	643,128,258	89.1%	77.9%
총 매입액	1,021,988,705	706,900,223		
거래처 E	726,685,684	646,467,507	71.1%	91.5%
거래처 F	216,833,773	–	21.2%	–
소 계	943,519,457	646,467,507	92.3%	91.5%

상기 사항에서와 같이 회사의 영업은 동 회사들과의 영업관계에 중요하게 의존하고 있으며, 회사의 재무제표는 이러한 영업관계가 당분간 지속될 것이라는 가정 하에 작성된 것입니다.

주석에는 "상기 상황에서 연결회사의 영업은 동 회사들과 영업 관계에 중요하게 의존하고 있으며, 이러한 영업 관계가 당분간 지속될 것이라는 가정하에 작성된 것입니다"라고 되어 있습니다.

주요 거래처와의 거래가 9,000억 원대에 달합니다. 매출이 1조 원 정도인데 특정

거래처와의 거래 규모가 9,000억 원대라면, 대단히 밀접한 관계라고 할 수 있습니다. 모뉴엘의 제품을 이곳들에서만 이렇게 많이 샀다는 건 좀 이상하지 않나요?

　모뉴엘은 본사를 제주도로 옮기는 등 혁신기업인 양 포장했습니다. 법정관리를 신청하는 순간까지 대표는 눈물로 사실을 숨겼습니다. 그러나 두 달도 채 지나지 않아 그 모든 게 거짓으로 드러났습니다. 모뉴엘의 재무제표는 2013년 매출 1조 원을 기록했으나, 실제 매출액은 300억 원에 불과했습니다. 나머지는 모두 회계 조작을 통해 만들어낸 가상의 매출이었습니다. 모뉴엘 사건에서 안타까운 점이 단 하나 있습니다. 대출사기나 의도적인 회계부정은 막기 힘듭니다. 하지만 재무제표를 자주 자세히 들여다보는 은행, 투자자, 이해관계자가 많았다면 사태가 이렇게까지 커졌을까요?

나만의
재무제표 분석표

"박 선배, 이걸 꼭 직접 다 기록해야 해요? 영업부에다 자료 요청하면 되잖아요."

"꾀부리지 말고 꼼꼼히 숫자 넣도록 해. 팀장님이 시킨 데는 다 이유가 있어."

만들어진 데이터만 보면, 숫자가 그려지지 않는다. 데이터를 입력하는 것부터 일일이 챙기다 보면 생각이 유연해진다.

"와, 벌써 9시가 넘었어요. 대충 끝나가는데 치맥 어때세요?"

"좋지. 마무리하자."

생맥주를 들이켜며 이 대리가 입을 뗀다.

"그런데, 영업 데이터를 우리 팀에서 정리한 게 언제부터예요?"

"팀이 생겼을 때부터."

"아무리 그래도 전산 시스템도 있는데, 이건 좀 무식한 방법 아니에요?"

"이 대리, 비록 있는 숫자를 표로 만드는 수준이지만, 스스로 만든 데이터는 보다 기억하기 쉽고 확신을 주지. 게다가 표를 만들면서 현 상황에서 숫자가 어떤 의미를 갖는지 생각해보지 않았어? 뭐야? 딴 생각하면서 일한 거야? 쯧쯧쯧."

분석표를 만들기 전에

16강의 말미에서 재무제표를 읽고 간단한 표를 만드는 법을 소개했습니다. 17강은 이 표를 좀 더 발전시켜 재무제표를 '한눈에 정리하는 분석표'를 만들어보겠습니다.

재무제표는 여러 개의 표이지만 하나의 회사에 대한 것이니만큼 모든 재무제표가 서로 연결되어 있습니다. 회사의 회계 정보를 한데 모아 만들 수는 없지만, 재무제표를 하나의 표로 단순화할 수는 있습니다. 재무상태표, 손익계산서, 현금흐름표를 한 장에, 그리고 동시에 눈으로 확인할 수 있도록 구성해봅시다. 이를 통해 재무제표의 한쪽 면 또는 1년치로만 보고 회사를 판단하는 실수를 피할 수 있습니다.

재무제표의 숫자는 기업의 실체를 나타내는 좌표입니다. 짧게는 1년 단위로, 길게는 사업 개시일부터 지금까지의 경영 성과를 나타내는 결과입니다. 당연히 하나의 숫자가 아니라 다각도로 바라봐야 합니다.

재무제표 분석표 만들기는 재무제표 '따라 읽기'처럼 순서나 규칙이 있는 게 아닙니다. 나름의 생각을 정리하는 법에 가깝습니다.

알고 싶은 기업의 재무제표를 제대로 이해하려면 여러 개의 표를 한번에 살펴야 한다고 했습니다. 재무제표 분석표는 이를 가능케 합니다. 하지만 아쉽게도 기업의 재무 상황이 천차만별이기 때문에 이를 모두 반영한 완벽한 표는 없습니다. 상황에 따라 변형해야 합니다. 따라서 표를 만들기 전에 생각할 시간을 가져야 합니다. 기계적으로 숫자만 입력하면 의미 있는 분석표가 될 수 없습니다. 숫자를 미리 생각해보는 약간의 수고가 필요합니다. 재무제표를 보기 전에 '이 회사의 재무제표는 어떨 것 같다'라고 예상한 뒤에 표를 만들어봅시다.

생각하기(숫자 예상하기) → 재무제표 읽기
→ 4년치 분석표 만들기

꼭 지켜야 할 순서는 아니지만 회계 초보자라면 '생각하기'는 분명 도움이 되는 과정입니다. 낯선 재무제표를 처음 읽다 보면, 한번에 많은 정보를 얻으려는 욕심에 재무제표 읽기가 더뎌지기 쉽습니다. 다시 한 번 강조하지만, 읽는 회계는 재무제표를 100% 완벽하게 해석하기보다는 빠르게, 지루함 없이, 골라서 읽는 방법입니다. 끝까지 다 꼼꼼히 보겠다고 생각하기보다는 처음에는 한 가지 사실만 확인하겠다는 식으로 접근하는 것이 좋습니다. '생각하기'는 바로 '한쪽 방향'으로 재무제표 읽기를 집중할 수 있는 좋은 방법입니다.

'생각하기'를 통해 회사의 재무제표 숫자는 이럴 것이라고 숫자를 예상해보는 과정입니다. 좋은 회사이니 실적이나 회계적인 수치도 나쁘지 않을 것이라고 미리 예측했습니다. 그런데 막상 재무제표를 보니 다릅니다. 그런 걸 찾아내는 과정에서 읽는 회계가 점점 재미있고 익숙해집니다. 숫자가 예상대로 나오면, 재무제표의 다른 곳에서도 그와 연관된 숫자를 찾아보게 됩니다. 이렇게 하다 보면 재무제표 읽기의 범위가 넓어집니다.

무턱대고 재무제표를 읽으려 든다면, 모르는 부분에서 막히기 십상입니다. 호기심을 갖고 딱딱한 회계 정보 속에서 보고 싶은 것을 찾아내길 바랍니다. 재무제표 분석표를 만드는 과정은 어찌 보면 단순한 작업입니다. 재무제표에서 확인한 숫자를 다시 한 번 옮겨 적는 일에 불과합니다. 그러나 직접 숫자를 적으면서 머릿속으로 자신의 생각(방향)과 비교해보면 색다른 사실을 알게 될 것입니다.

재무제표 분석표 만들기

읽는 회계에서 가벼운 마음을 강조하는 또 다른 이유가 있습니다. 재무제표 읽기는 실천하는 것이 가장 중요하기 때문입니다. 생각하기, 재무제표 읽기, 분석표 만들기의 각 단계를 직접 해보면 설명을 읽는 것보다 훨씬 더 쉽게 이해할 수 있을 겁니다. 지금부터 소개할 재무제표 분석표 만들기를 보면서 관심 가는 회사의 재무제표 분석표를 꼭 한번 만들어보길 권합니다.

회사명

(단위 : 억 원)

구분 \ 연도	2017	2016	2015	2014
재무상태표				
자산총계				
매출채권				
부채총계				
자본총계				
이익잉여금				
손익계산서				
매출액				
매출원가				
매출총이익				
판매비와관리비				
영업이익				
당기순이익				
현금흐름표				
영업활동현금흐름				
투자활동현금흐름				
재무활동현금흐름				
기말의 현금및현금성자산				

왼쪽의 재무제표 분석표는 표준형입니다. 가장 기본적인 항목을 담고 있습니다. 나의 목적에 맞게 변형시켜 사용하시기 바랍니다.

분석표를 만드는 데 있어 기본적인 원칙은 '빠르게'입니다. 보통 과거 데이터를 분석할 때는 최근 3개년치 또는 최근 5개년치 자료를 기준으로 합니다. 그런데 재무제표 분석표는 4년치를 기본으로 합니다. DART에 공시되는 감사보고서, 사업보고서에 첨부된 재무제표는 당기와 전기로 2년치 회계 정보를 담고 있습니다. 그렇다면 한 해 건너 격년의 재무제표 두 개를 보면 손쉽게 4년치 회계 정보를 얻을 수 있습니다.

재무제표 분석표를 구체적으로 만들어봅시다. 분석표의 숫자 단위는 억 원입니다. 2강 회계 첫걸음 숫자 읽기 때 배웠습니다. 재무제표 분석표는 세 부분으로 나뉩니다.

① 재무상태표의 자산, 부채, 자본 총계를 먼저 적습니다. 그 아래 빈 칸은 재무제표 읽기 1단계 '큰 숫자에 주목하기'에 따라 채워놓습니다. 자산의 경우 매출채권은 손익계산서의 매출액과 연관이 깊기 때문에 기본 항목입니다.

② 손익계산서에선 매출액, 영업이익, 당기순이익이 주요 항목입니다. 매출이 발생하고 이익이 남는 과정에 영향이 큰 매출원가, 매출총이익, 판매관리비 항목도 역시 기본 항목입니다.

③ 현금흐름표는 영업, 투자, 재무활동 현금흐름의 소계와 기말의 잔액을 기록합니다. 12강에서 배운 현금흐름 패턴을 확인할 수 있습니다.

재무제표 분석표는 재무제표 읽기 3단계를 한 후 또는 하는 동안에 기록합니다. 가장 먼저 자산, 부채, 자본을 확인한 후, 가장 큰 비중을 차지하는 계정과목 항목을 찾습니다. 이때 주석을 통해 숫자의 의미를 파악합니다. 손익계산서와 현금흐름표의 항목은 그대로 찾아서 기입합니다. 나머지 2년치를 찾아 채워 넣습니다. 숫자 중 4년 동안 큰 변화가 있는 것이 있다면, 해당 숫자를 설명하는 주석을 다시 한 번 확인합니다.

실제 기업의 재무제표 분석표를 만들어보면 이해하기가 더 쉬울 겁니다.

실전! 재무제표 분석표 만들기

SK하이닉스

2017년은 반도체의 한 해였다고 해도 과언이 아닙니다. 그보다 눈길을 끈 것은 SK하이닉스가 사상 최대의 성과급(400%)을 지급했다는 소식입니다. 이런 뉴스는 직장인들의 호기심을 자극하게 마련입니다. 도대체 회사의 경영 성과가 얼마나 좋으면 이런 일이 가능할까요? 재무제표로 직접 확인해봅시다.

SK하이닉스 DART 검색 결과

DART에서 SK하이닉스의 재무제표를 찾습니다. 2017년 사업보고서에 첨부된 감사보고서(재무제표)와 한 해를 건너뛴 2015년 재무제표를 내려받습니다. 찾아보니 2016에 비해 2017년에 이익이 많이 상승했습니다.

2017년 재무제표부터 읽어봅시다. 재무상태표 중 큰 숫자에 주목해 항목을 뽑습니다. 재고자산, 종속관계기업및공동투자, 유형자산의 숫자가 큽니다. 부채 항목은 차입금인데, 유동과 비유동 둘 다 가지고 있습니다. 뽑은 항목만으로 재무제표 분석표를 만들어봅니다.

2014~2016년의 숫자가 대부분 비슷합니다. 다만 2016년 영업이익이 3조 124

억 원으로 많이 줄어든 상태입니다. 그런데 2017년 폭발적인 성장세를 보입니다. 2016년에서 1년 사이에 자산이 13조 원 가까이 늘었습니다. 매출액도 상승했습니다. 그중에서도 영업이익은 깜짝 놀랄 정도입니다. 3조 124억 원에서 13조 3,408억 원으로 눈부시게 성장했습니다. 1년 사이에 정확히 4.4배가 증가했습니다. 당기순이익도 마찬가지입니다. 전년 대비 3.8배 늘어난 10조 1,107억 원

SK하이닉스

(단위 : 억 원)

구분 \ 연도	2017	2016	2015	2014
재무상태표				
자산총계	443,128	313,990	287,421	253,489
유형자산	52,590	28,964	28,009	35,402
재고자산	2,247	16,987	14,076	12,172
종속관계기업및공통투자	47,782	45,880	42,290	39,738
유형자산	213,229	160,712	138,535	108,625
부채총계	115,409	83,075	80,597	76,742
차입금	6,347	6,447	7,432	9,560
차입금(비유동)	33,945	35,710	26,893	22,162
자본총계	327,718	230,915	206,824	176,746
이익잉여금	257,124	160,222	136,147	98,350
손익계산서				
매출액	297,189	167,331	187,807	168,937
매출원가	129,805	108,474	110,020	95,021
매출총이익	167,384	58,856	77,787	73,916
판매비와관리비	33,976	28,732	27,022	23,442
영업이익	133,408	30,124	50,765	50,474
당기순이익	101,107	26,550	40,190	37,717
현금흐름표				
영업활동현금흐름	135,705	47,874	77,477	51,003
투자활동현금흐름	(113,280)	(57,097)	(61,719)	(50,037)
재무활동현금흐름	(3,860)	3,800	(8,128)	(2,157)
기말의 현금및현금성자산	22,700	4,769	10,149	2,520

입니다. 대박 성과급이 지급된 이유를 충분히 짐작할 수 있습니다.

유진기업

유진기업은 레미콘 등 건축자재 전문 기업입니다. 이 회사는 2017년 말 저축은행을 인수합니다. 이후 뭔가 달라진 게 많습니다. 재무제표가 들려주는 이야기는 어떨지, 분석표를 한번 만들어볼까요?

DART에서 유진기업의 재무제표를 찾습니다. 2017년 사업보고서에 첨부된 연결감사보고서(재무제표)와 한 해를 건너뛴 2015년 재무제표를 내려받습니다. 아마 재무제표 숫자에도 많은 변화가 있지 않을까요? 미리 '생각하기'를 해봅시다.

 유진기업 DART 검색 결과

① 재무제표 읽기(큰 숫자에 주목하기)를 통해 2017년 재무상태표를 읽어 보니 자산총계, 부채총계가 2017년에 대폭 늘어났습니다. 금융업 자산이라는 항목도 새로 생겼습니다. 찬찬히 큰 숫자인 계정과목을 살펴봅니다.

② 주석도 읽어봅니다. 주석 6번 '종속기업의 취득'을 통해 2017년 10월 현대저축은행을 KB금융지주로부터 인수했다는 내용을 확인합니다.

③4년치 재무제표 분석표를 오른쪽과 같이 만들어 숫자를 채워 넣습니다.

재무제표 분석표를 만들고 나니, 변화가 더 잘 보입니다. 재무 상태, 즉 유진기업의 규모가 두 배 이상 커진 것을 알 수 있습니다. 손익계산서상으로 2017년 매출액은 1조 2,990억 원인데 이 중 2017년 4분기 저축은행의 실적(매출액)이 포함되어 있습니다. 2014~2016년 건자재 부문의 영업이익, 당기순이익이 좋은 모습을 보입니다. 여기에 저축은행까지 더해졌으니, 2018년 말 유진기업 경영 성과가 기대됩니다.

유진기업

(단위 : 억 원)

구분 / 연도	2017	2016	2015	2014
재무상태표				
자산총계	36,772	15,196	13,844	12,423
매출채권	3,415	3,099	2,972	3,020
금융업자산	20,682			
관계기업투자	4,274	4,145	1,715	1,668
유형자산	4,268	4,193	4,176	4,017
투자부동산	1,882	1,890	1,891	1,952
부채총계	29,512	8,716	7,916	6,676
단기차입부채	2,905	3,866	2,739	2,272
장기차입부채	2,736	756	522	23,319
금융업부채	19,955			
자본총계	7,260	6,479	5,927	5,746
이익잉여금	2,572	1,856	1,381	1,489
손익계산서				
매출액	12,990	10,276	8,895	7,389
매출원가	10,839	8,936	7,693	6,417
매출총이익	2,151	1,809	1,202	972
판매비와관리비	1,075	842	660	669
영업이익	1,076	967	542	303
당기순이익	846	606	128	(52)
현금흐름표				
영업활동현금흐름	727	1,085	850	1,165
투자활동현금흐름	(2,348)	(1,776)	(81)	(1,306)
재무활동현금흐름	2,267	243	47	24
기말의 현금및현금성자산	1,367	721	1,168	349

감사보고서도
잊지 말자

"어디 갔다 와, 이 대리?"

"박 선배님, 갑자기 무섭게 왜 이리 나긋나긋하게 부르세요. 화장실 다녀왔습니다."

"어, 그래? 화장실에 별일 없지?"

"네? 깨끗하던데요. 아니, 그건 왜요?"

"회사가 어려워지면 화장실에서 냄새가 난다고 하잖아."

"무슨 말씀이세요?"

"지진이 나기 전에 동물이나 곤충들이 미리 알고 떼 지어 이동한다는 이야기 들어봤지? 우스갯소리 같지만 화장실의 청결도가 기업의 상태를 보여주는 전조 현상이라 할 수 있지."

회사의 경영 상태가 어려워지면 가장 먼저 위탁관리 용역업체나 계약직 직원을 줄인다. 그러면 기본적인 시설 관리에서 문제가 생기게 마련이다. 당연히 청소, 주차 관리가 예전 같지 않다. 그래서 기업의 상황을 보려면 화장실부터 가보라는 말이 있다.

놓치기 쉬운 그 이름, 감사보고서

드디어 마지막 강의까지 왔습니다. 이번 강에서는 감사보고서의 형태와 그 역할을 알아보겠습니다. 우리가 지금까지 살펴본 재무제표는 감사보고서에 첨부된 문서입니다. 감사보고서는 재무제표에 대한 종합의견을 담고 있으며 재무제표를 검사하고 확인했음을 증명하는 보고서입니다.

회사마다 처한 환경이 다르기 때문에 성적표처럼 점수로 표현하지는 않지만, 감사보고서에는 기업의 재무제표 등급과 특이 사항을 언급합니다. 몇 장 안 되지만 읽는 회계에서 빠뜨리지 말아야 할 부분입니다.

재무제표는 회사가 작성합니다. 하지만 감사보고서의 보고 주체는 회계법인 감사인입니다. 기업이 작성한 재무제표를 검사한 제3자 외부 회계 전문가의 의견을 담은 보고서가 바로 감사보고서인 것이죠. 일반에 공개가 적절한지 전문가가 먼저 재무제표를 읽고 검사까지 한 보고서입니다. 감사인은 재무제표에 대한 '감사의견'과 '강조 사항'을 감사보고서에 제시합니다. 일정 규모 이상의 기업(자산 120억 원 이상, 부채 70억 원 이상, 종업원 300인 이상)은 외부감사인의 재무제표 검증을 통과해야 합니다. 검증 과정을 통해 재무제표 내용이 제대로 작성되었는지 확인받습니다. 이는 '주식회사의 외부감사에 관한 법률'로 정한 의무 사항입니다.

그럼 감사보고서의 구성을 살펴보겠습니다. DART에서 관심 있는 회사의 감사보고서를 찾아봅시다. 감사보고서 첫 페이지를 열면 목차가 나옵니다. 목차 다음 장에는 보고서나 책의 표지처럼 '재무제표에 대한' 감사보고서라는 제목이 보입니다. 그 아래로 제○○기라는 기간이 명시됩니다. 마지막으로 감사인 회계법인 이름, 그리고 ○○회사 및 이사회 귀중으로 시작되는 '독립된 감사인의 감사보고서'가 시작됩니다. '경영진의 책임'과 '감사인의 책임'은 감사보고서를 작성하는 이들에 관한 사항입니다.

우리가 주의 깊게 봐야 할 항목은 다음에 등장하는 감사의견입니다. 보통 다음과 같은 문구로 씌어 있습니다.

보고기간의 재무성과 및 현금흐름을 일반기업회계기준에 따라 중요성의 관점에서 공정하게 표시하고 있습니다.

여기서 '공정하게'라는 표현이 바로 감사의견이 적정임을 나타내는 핵심 키워드입니다.

감사의견

외부 감사인(회계법인, 감사반)이 회계감사를 통해 내는 감사의견*은 의견거절, 부적정, 한정, 적정 네 가지가 있습니다. 회계는 기업의 경제 상황을 있는 그대로, 정확히 보여주는 것이 목적입니다. '있는 그대로 정확히'라는 데 주목해 회계를 창문에 빗대어 회계감사 의견을 설명해보겠습니다.

기업은 집이고, 회계는 창문입니다. 회계감사는 창문을 점검하고 두께를 조정하는 역할에 비유할 수 있습니다. 창문(회계)을 검사한 외부 감사인은 감사의견을 통해 창문 상태를 설명합니다.

의견거절은 창문이 커튼으로 가려져 아무것도 보이지

감사의견
(監査意, auditor's opinion)
회사의 재무제표가 재무 상태와 경영 성과를 정확하게 반영하고 있는지 공인회계사가 객관적으로 감사하여 그 의견을 표시하는 것을 말한다. 상장회사뿐만 아니라 주식회사의 외부감사에 관한 법률 제2조의 외부 감사 대상이 되는 주식회사는 사업 보고서에 반드시 공인회계사의 감사보고서를 첨부하고 감사의견을 표명하도록 되어 있다. 공인회계사가 표시하는 감사의견에는 적정의견, 한정의견, 부적정의견, 의견거절 네 가지가 있다.

않아 "아무 의견도 주지 못하겠다"는 의미입니다. 부적정은 "창문이 불투명해서 잘 보이지 않을 정도"라는 의견입니다. 한정은 "일부 가려진 데가 있으나 그래도 보이긴 한다", 적정은 "창문 상태가 좋다"라고 비유할 수 있습니다.

금융감독원은 2017년 "2,081개 상장사의 99%가 감사의견 '적정'을 받았다"고 발표했습니다. 금융감독원은 감사인의 '적정의견'은 기업의 재무제표가 회계 기준에 따라 적정하게 표시돼 있다고 판단할 때 표명되는 의견일 뿐이라고 설명합니다. 회계감사는 회계 처리 과정과 재무제표의 적정한 작성에 초점을 맞춥니다. 감사의견은 기업 재무제표 작성의 적절성에 대한 의견입니다.

그러나 감사의견 적정을 회사의 경영 상태가 좋고, 앞으로 발전할 가능성이 있다고 확대 해석해선 곤란합니다. 적정은 감사인이 법으로 정해진 회계 기준에 따라 적절히 재무제표를 작성했는지 살피고, 의견을 표시한 것뿐입니다. 분식회계를 영어로 '윈도 드레싱(Window Dressing)'이라고 합니다. 경영 활동이 어려운 기업은 회계, 즉 창문을 꾸미려는 유혹에 빠지게 됩니다.

강조사항

감사의견 다음으로 중요한 내용은 강조사항입니다. 모든 감사보고서에 강조사항이 기재되는 것은 아닙니다. 인수합병 등 감사의견과는 직접적인 관련이 없지만, 정보 이용자의 합리적인 판단에 참고가 될 사항이 강조사항에 기록됩니다.

강조사항은 보통 일반적으로 이런 문구로 시작합니다.

감사의견에는 영향을 미치지 않는 사항으로서 이용자는 다음 사항들에 주의를 기울여야 할 필요가 있습니다.

말 그대로 감사인이 이해관계자들에게 주의하고 확인하라고 강조하는 내용입니다. 재무제표는 적정이지만, 주의해서 봐야 할 사항이 있다는 뜻이죠. 강조사항은 계속기업 가정의 불확실성, 소송, 특수관계자와의 중요한 거래, 영업 환경의 변화 등 중요한 사항을 담고 있습니다. 특히 '계속기업 불확실성'이라는 키워드가 등장하고, 여러 가지 이유를 나열할 경우에는 더 주의 깊게 살펴야 합니다.

아래 표는 10강에서 살펴본 금호타이어의 감사보고서 강조사항입니다. 금호타이어의 어려움을 강조사항을 통해 정확히 설명하고 있습니다. '계속기업으로서의 존속능력의 불확실성'이라는 표현은 심각한 상황이라는 의미입니다. 강조사항만 보면 유동 차입금 1조 1,156억 원이 금호타이어를 어렵게 만드는 이유로 파악됩니다.

강조사항

감사의견에 영향을 미치지 않는 사항으로서 이용자는 재무제표에 대한 주석 38에 주의를 기울여야 할 필요가 있습니다. 재무제표에 대한 주석 38에서 설명하고 있는 바와 같이, 회사는 2017년 1월 1일부터 2017년 12월 31일까지 영업손실이 143,014백만원, 당기순손실이 245,291백만원 발생하였고, 2017년 12월 31일 현재 유동부채가 유동자산을 476,600백만원 초과하고, 유동차입금이 1,115,690백만원으로 회사의 계속기업으로서의 존속능력에 중요한 불확실성이 존재합니다.

– 〈금호타이어〉 감사보고서 강조사항 중 일부

기업은 매년 한 번 외부의 회계감사를 받아야 합니다. 외부 회계감사에서 기업

의 재무 상태가 위험하다는 강조사항이 많이 달린다면, 1년 뒤에 어떻게 될지 모른다는 빨간 신호등이 켜진 셈입니다. 감사의견은 1년 단위의 재무제표 인증입니다. 적정을 받았지만, 결손금의 누적, 사업환경의 불확실성 등 강조사항이 줄줄이 붙은 기업이라면 망할 수도 있습니다. 감사보고서의 감사의견과 강조사항은 재무 상태에 대한 위험을 조기에 알려주는 신호입니다. 회계 정보를 읽을 때는 감사보고서의 보고 기간, 감사한 외부감사인, 감사의견, 강조사항 등을 꼼꼼히 살펴봐야 합니다.

다음 감사의견과 관련 내용이 맞도록 선을 그어보시오.

적정 •

한정 •

부적정 •

의견거절 •

① 감사의견을 형성하는데 필요한 합리적 증거물을 얻지 못해 재무제표 전체에 대한 의견 표명이 불가능한 경우, 또는 기업 존립에 관계될 정도의 객관적 사항이 특히 중대한 경우나 감사의 독립성이 결여되어 있는 경우 등 재무제표에 대한 의견을 표명할 수 없음을 표시하는 의견

② 재무제표의 모든 항목이 적절히 작성되어 기업회계 기준에 일치하고 불확실한 사실이 없을 때 표시하는 의견

③ 회계 처리 방법과 재무제표 표시 방법 중 일부가 기업 회계에 위배되거나, 재무제표의 항목에서 합리적인 증거를 모두 얻지 못해 관련된 사항이 재무제표에 영향을 주거나 줄 수 있다고 인정되는 경우는 이런 영향을 제외하거나 없다는 것을 조건으로 내세워 기업의 재무제표가 기업 회계 기준에 적정하게 표시하고 있다는 의견

④ 재무제표가 전체적으로 합리적으로 기재되지 않고 왜곡 표시됨으로써 무의미하다고 인정되는 경우를 표시하는 의견

정답 : 적정→②, 한정→③, 부적정→④, 의견거절→①

재무제표로
풀어보는
테마기업 20

SK하이닉스에 납품하는 **오션브릿지**

(단위: 억 원)

	2017	2016	2015	2014
재무상태표				
자산총계	603	357	134	86
유형자산	245	32	36	33
부채총계	194	48	49	65
유동부채	177	48	38	40
단기차입금	82			
장기차입금	9		9	22
자본총계	408	309	84	21
이익잉여금	199	110	46	11
부채비율	48%	16%	58%	310%
손익계산서				
매출액	560	349	253	171
영업이익	115	69	37	10
영업이익률	20.5%	19.8%	14.6%	5.8%
당기순이익	89	64	34	10
현금흐름표				
영업활동현금흐름	23	72	17	17
투자활동현금흐름	(184)	(7)	(8)	(21)
재무활동현금흐름	51	149	9	3
기말의 현금및현금성자산	140	250	32	13

2017년 반도체 업계는 최대 실적을 거둡니다. 삼성전자와 SK하이닉스가 대표 기업입니다. 두 회사는 앞으로도 적극적 투자를 통해 일자리를 더 만든다고 합니다. 반도체 공장을 추가로 짓는다는 이야기겠죠? 그렇다면 반도체 장비 회사도 일거리가 늘겠지요.

오션브릿지는 2012년에 설립된 반도체 관련 장비 제조 회사입니다. 재무제표를 보니, 확실히 반도체 업계가 2016년부터 급성장했다는 것을 알 수 있습니다. 회사의 규모를 나타내는 자산총계를 볼까요. 2017년 기준 오션브릿지의 자산총계는 603억 원입니다. 2014년 86억 원에 비하면 7배 이상 증가했습니다. 반도체 업황에 따라 오션브릿지 역시 유형자산(공장)을 증설했나 봅니다. 2016년 유형자산 32억 원 → 2017년 245억 원으로 크게 늘었습니다. 자산이 늘어났을 뿐만 아니라 매출액(349억 원 → 560억 원)과 영업이익(69억 원 → 115억 원)도 성장했습니다. 2017년 현금흐름표의 투자활동현금흐름이 -184억 원인 것도 눈에 띄네요. 공장이나 새로운 시설에 돈을 쓴 것으로 보입니다. 오션브릿지의 시설투자가 이익으로 돌아오길 바랍니다.

【읽는회계 Tip】
제조업의 공장설비 투자는 유형자산 증감으로 알 수 있습니다.

블론드 아스팔트 국내 시장점유율 70% 한국석유공업

(단위: 억 원)

	2017	2016	2015	2014
재무상태표				
자산총계	2,848	2,622	2,401	2,310
부채총계	1,380	1,232	1,109	1,137
자본총계	1,467	1,389	1,291	1,172
이익잉여금	1,398	1,314	1,205	1,074
부채비율	94%	89%	86%	97%
손익계산서				
매출액	4,244	4,027	3,888	3,793
영업이익	142	169	182	104
당기순이익	98	118	145	67

"이 회사 어떤지 봐줄 수 있어?" 아는 분이 이직 제의를 받았다는데 '한국석유공업', 생소한 이름의 회사입니다. 한국석유공업은 석유류제품 제조업을 목적으로 1964년 설립됐습니다. 아스팔트 등 도로 보수재를 생산합니다(주석 1번 참조). 2017년 기준 자산총계가 2,848억 원입니다. 석유 관련 회사는 기본적으로 덩치가 큰 편인데 예상 밖으로 작습니다. 그렇지만 매출액은 4,244억 원입니다. 자산규모의 1.5배가 넘습니다. 적은 자산으로도 효과적인 매출을 내는 회사 또는 사업구조 같아 보입니다. 50년이 훌쩍 넘는 역사를 가진 회사입니다. 자산규모와 매출액이 안정적인 성장성을 보입니다. 다만 영업이익과 당기순이익은 2017년 조금 하락했네요.

이직 관련해 재무제표를 볼 때는 사업보고서의 여러 가지 내용도 참고합니다. 직원 현황(2017.12.31 기준)은 158명에 평균 근속 11년, 1인 평균급여액 5천 600만 원입니다. 옮기는 회사의 재무적인 사항과 함께 사업보고서 회사 개요, 이사의 경영진단 등은 꼭 챙겨봐야 합니다.

【읽는회계 Tip】

상장사는 감사보고서 외에도 사업보고서를 매년 발행합니다.

베트남 FPCB 공장에 사활을 건 **시노펙스**

(단위: 억 원)

	2017	2016	2015	2014	2013
재무상태표					
자산총계	1,506	1,466	1,364	2,129	2,363
부채총계	960	714	745	1,264	1,479
차입금	346	372	442	440	664
전환사채	88				
자본총계	545	752	618	865	884
손익계산서					
매출액	1,811	1,550	1,971	4,021	4,204
매출총이익	449	361	60	356	315
매출총이익률	24.8%	23.3%	3.0%	8.9%	7.5%
영업이익	248	107	(225)	31	80
당기순이익	(209)	29	(353)	(43)	34
현금흐름표					
영업활동현금흐름	224	113	71	120	76
투자활동현금흐름	(312)	(98)	(159)	115	(84)
재무활동현금흐름	99	17	(112)	(202)	(39)
기말의 현금및현금성자산	224	209	175	149	112

베트남에 한국공장이 그렇게 많다고 합니다. 인건비가 저렴하기 때문에 한국 기업의 진출이 많아졌다고 하네요. 시노펙스는 2017년 플렉스컴이 보유한 베트남의 FPCB공장을 250억 원에 인수합니다. 그럴만한 가치가 있을까요? FPCB는 연성회로기판을 뜻하는데, 핸드폰 제조사와 자동차 회사에 주로 납품합니다. 베트남은 전세계 스마트폰 제조공장이 몰려있습니다. 시노펙스의 최근 4년 재무제표 숫자를 살펴보면, 2015년 바닥을 찍습니다. 영업이익 –225억 원, 당기순이익 –353억 원의 손실을 냈습니다. 차입금도 442억 원이나 있습니다. 그러나 사

업을 접기보다는 새로운 활로를 찾았습니다. 2016년 107억 원의 영업이익 흑자 전환이 터닝포인트가 됩니다. 당시 언론의 보도를 보니 "사업구조조정과 해외기지 안정화"를 꼽았습니다. 베트남이 시노펙스의 해외기지 같습니다.재무제표를 보시면 2016년부터 영업이익과 영업활동현금흐름이 개선되고 있습니다. 그런데 2017년 248억 원의 영업이익 흑자임에도 불구하고 당기순이익은 -225억 원 적자입니다. 영업이익과 당기순이익의 차이가 무엇인지 정확히 아는 것이 재무제표 읽기의 기본입니다. 시노펙스의 주석을 보니, 무형자산손상차손 286억 원과 파생상품평가손실 123억 원이 반영되었습니다. 이는 장부상 손실처리입니다.

[읽는회계 Tip]
기타손익이 크지 않으면, 보통 영업이익 보다 당기순이익이 20~30% 적습니다. 안 그렇다면 꼭 이유를 확인해 봐야 합니다.

쿠키런을 만든 게임회사 데브시스터즈

(단위 : 억 원)

	2017	2016	2015	2014
재무상태표				
자산총계	1,426	1,492	1,578	2,035
매출채권및기타채권	39	32	19	57
단기금융상품	342	455	435	1,695
당기매매금융자산	666	765	862	224
매도가능금융자산	126	61	40	
부채총계	44	22	22	81
자본총계	1,381	1,474	1,555	1,953
손익계산서				
영업수익	175	152	195	694
영업비용	319	273	236	364
영업이익	(144)	(121)	(41)	330
당기순이익	(160)	(98)	(9)	313
현금흐름표				
영업활동현금흐름	(150)	144	(680)	315
투자활동현금흐름	181	(144)	1,078	(1,716)
재무활동현금흐름	(6)	13	(390)	1,406
기말의 현금및현금성자산	53	28	15	8

　　대박 난 게임을 만든 회사는 이름이 재미있을 때가 많습니다 쿠키런. 혹시 들어보았는지요? 갈색 사람 모양의 쿠키가 젤리를 먹으며 달리는 게임 말입니다. 이 게임을 만든 회사가 바로 데브시스터즈입니다.

　　2013년에 출시해 대박을 친 게임인데, 재무제표를 보면 예전만 못합니다. 손익계산서 영업이익이 2014년 330억 원 이후에 내리 적자입니다. 게임은 큰 거 한 방이 있다며, 주가가 바닥이니 투자를 권하는 사람들이 있습니다. 과연 맞는 말일까요? 데브시터즈는 2013년 이후 벌어들인 자금으로, 게임 개발뿐만 아니라 금융자산에 분산투자도 했나 봅니다. 재무상태표 단기금융상품 342억 원과 당기매매금융자산 666억 원이 남아 있습니다. 최근 쿠키위즈라는 후속작이 나왔다고도 합니다. 2018년 영업수익(매출액)은 다시 흑자로 돌아설까요?

【읽는회계 Tip】
자산 중에 비중이 높았던 항목이 어떻게 변화되는지 추이를 지켜보는 것도 중요합니다. 특히 회사에 투자를 할 때, 금융자산은 주의 깊게 살펴보세요.

배합사료, 양돈, 양계, 육가공 그룹 **이지바이오**

(단위: 억 원)

	2017	2016	2015	2014
재무상태표				
자산총계	14,808	15,098	15,810	14,944
매출채권및기타채권	1,941	2,109	2,117	2,079
재고자산	1,558	1,703	1,933	2,126
소비용생물자산	792	736	718	701
유형자산	6,596	6,459	6,442	5,976
부채총계	8,952	9,718	11,816	11,269
단기차입금	4,855	4,999	6,840	6,713
유동성장기차입채무	547	550	653	507
손익계산서				
매출액	13,980	14,014	14,405	14,808
영업이익	1,060	790	679	821
영업이익률	7.6%	5.6%	4.7%	5.5%
금융비용	481	678	598	631
당기순이익	508	331	154	174
당기순이익률	3.6%	2.4%	1.1%	1.2%
현금흐름표				
영업활동현금흐름	1,188	1,287	737	79
투자활동현금흐름	(738)	(327)	(552)	(281)
재무활동현금흐름	(512)	(1,677)	175	199
기말의 현금및현금성자산	558	621	1,342	981

주식투자를 고려할 때, 회사의 시가총액이 제일 먼저 눈에 들어 오는 숫자입니다. 그 외에는 무엇이 있을까요? 자산총계의 3분의 1도 못 미치는 시가총액을 가진 기업이 있습니다. 시가총액은 주식시장에 상장한 회사의 발행주식 수 X 해당 주가를 곱한 것으로, 시장에서 인정하는 회사의 가치입니다. 회사의 규모와 가치

를 나타내는 또 다른 숫자가 자산총계인데요. 시장 가치와 회사가 기록한 장부가치. 2개의 숫자 차이를 비교해 보면 재미있을 때가 많습니다.

이지바이오는 농축산업, 사료, 가금, 가축 진단 및 백신 등의 종합 농축산 그룹입니다. 2017년 기준 자산총계 1조 4,808억 원입니다. 영업이익은 1,060억 원을 기록했습니다. 단기차입금이 4,855억 원이 있어 금융비용(이자)이 발생하고 있지만, 차입금에 대한 부담은 그리 없어 보입니다. 현금흐름표 영업활동현금흐름을 보아도 걱정 없어 보입니다. 이 회사의 시가총액은 자산총계에 비해 적은 4,275억 원(2018.8.22 기준)입니다. 나름 사료부문, 육가공부문, 가금부문에서 규모 있는 회사나, 잘 알려지지 않은 게 가장 큰 이유가 아닐까요?

【읽는회계 Tip】

금융비용이 모두 다 은행이자는 아닙니다. 외환거래에 따른 손실, 가지고 있는 주식, 채권 등의 금융자산 손실도 금융비용으로 재무제표에 기록합니다.

꼭 전기차 수혜주가 아니라도 좋은기업 **삼화콘덴서공업**

(단위: 억 원)

	2018 반기	2017	2016	2015	2014
재무상태표					
자산총계	1,708	1,377	1,216	1,129	1,088
매출채권	602	453	413	331	295
유형자산	500	438	390	427	485
재고자산	250	215	181	164	137
부채총계	743	687	683	656	628
유동부채	661	603	587	548	524
단기차입금	222	186	301	272	293
자본총계	965	690	533	472	459
이익잉여금	722	469	319	267	260
부채비율	77%	100%	128%	139%	137%
손익계산서					
매출액	1,207	1,993	1,724	1,588	1,621
매출원가율	64.0%	79.6%	83.8%	84.9%	89.9%
영업이익	345	220	94	54	(38)
영업이익률	28.6%	11.1%	5.5%	3.4%	−2.3%
당기순이익	269	155	56	28	(60)
당기순이익률	22.3%	7.8%	3.2%	1.8%	−3.7%
현금흐름표					
영업활동현금흐름	174	207	127	137	36
투자활동현금흐름	(131)	(111)	(53)	(77)	(15)
재무활동현금흐름	(26)	(59)	(53)	(76)	7
기말의 현금및현금성자산	117	100	65	44	62

　자산총계가 시가총액보다 적으면 시장에서 인정받지 못한 회사일까요? 반대이면(시가총액<자산총계)이면 어떻게 해석해야 할까요?

삼화콘텐서공업의 시가총액은 8,753억 원(2018.8.22 기준)인데 자산총계는 1,708억 원(2018. 6.30 기준)으로 자산에 비해 시가총액이 큽니다. 이 회사는 전기차 수혜주로 주식시장의 인기를 끌며 불과 1년 사이에 주가는 5배 상승했습니다. 단지 전기차 수혜주라는 이유만이 주가 상승의 원인인지 재무제표를 읽어보겠습니다. 재무상태표 상의 숫자는 대부분 큰 변화가 없습니다. 유형자산, 재고자산, 단기차입금 등 별로 다를 바가 없습니다. 다만 매출액은 조금씩 늘었습니다. 그런데 주의 깊게 봐야 지표는 바로 매출원가율입니다. 2014년 89.9% → 2018년 반기 64%까지 약 26%가 줄었습니다. 원가율이 줄면, 매출이 늘어난 만큼 더 큰 이익을 가져다 줄 수 있습니다. 삼화콘덴서는 2018년 절반의 이익(345억 원)으로 전년도 이익(220억 원)을 훌쩍 넘었습니다. 좋은 시장의 평가뿐만 아니라, 이를 뒷받침해주는 실적이 있다면, 금상첨화입니다.

【읽는회계 Tip】
재무제표의 주요 숫자 추이를 살피다 보면, 매출액을 기준으로 비율을 나타내는 지표를 활용할 때가 많습니다. 대표적인 것이 매출원가율과 영업이익률입니다.

연내 상장이 가능할까? **군장에너지**

(단위: 억 원)

	2017	2016	2015	2014
재무상태표				
자산총계	12,502	12,659	11,167	9,508
유형자산	11,009	11,183	10,628	8,571
관계기업투자	174	207	216	168
부채총계	8,939	9,664	8,555	7,143
유동부채	3,385	3,388	2,250	3,097
단기차입금	2,655	2,515	2,020	2,195
장기차입금	5,331	6,002	6,283	4,024
유동비율	33%	32%	12%	23%
자본총계	3,563	2,995	2,612	2,364
이익잉여금	3,043	2,475	2,092	1,834
부채비율	251%	323%	328%	302%
손익계산서				
매출액	5,151	3,098	2,542	2,118
영업이익	1,204	673	658	653
영업이익률	23.4%	21.7%	25.9%	30.8%
당기순이익	669	476	347	501
당기순이익률	13.0%	15.4%	13.7%	23.7%
현금흐름표				
영업활동현금흐름	1,344	1,116	883	652
투자활동현금흐름	(929)	(699)	(3,069)	(2,915)
재무활동현금흐름	(634)	120	1,990	2,352
기말의 현금및현금성자산	337	557	19	215

군장에너지. 회사명은 군수업체 같지만, 전혀 관련 없습니다. 군산시에 위치한
열병합발전소입니다. 이 회사가 2018년 IPO(Initial Public Offering) 즉 상장한다

고 발표했습니다. 성공적인 IPO가 가능할까요?

　군장에너지의 2017년 기준 자산총계는 1조 2,502억 원입니다. 부채 8,939억 원, 자본 3,563억 원으로 부채비율은 251%입니다. 혹자는 상장했을 경우 2조 원에 가치를 인정받을 수 있다고 평가했습니다. 이유는 2016년 → 2017년 사이 매출액과 영업이익의 많이 올랐기 때문입니다. 영업이익률이 23.4%에 달합니다. 주석4 부문정보를 보니, 한국전력 쪽에서 군장에너지가 생산한 에너지를 많이 갖다 썼다고 합니다. 아직 적자를 내고 있는 종속기업에 대한 우려감도 있습니다. 하지만 재무제표 상으로 투자자들이 탐낼 만 하지 않을까요? 영업활동현금흐름이 652 → 883 → 1,116 → 1,344 순으로 좋아지고 있습니다. 현금흐름표 상으로 2014~5년 사이의 투자가 매출에 효과를 보는 것으로 보입니다.

지방 BtoB 기업이 좋은 직장일 수도… 포스코켐텍

(단위: 억 원)

	2017	2016	2015	2014	2013
재무상태표					
자산총계	7,914	7,033	6,536	6,473	5,886
매출채권	1,686	1,413	1,323	1,546	1,149
재고자산	973	552	673	622	710
현금및현금성자산	966	1,110	1,552	523	802
종속기업,관계기업및공동투자	1,431	1,431	1,472	1,472	1,472
부채총계	1,482	1,152	1,131	1,399	1,393
매입채무	1,012	607	618	784	807
자본총계	6,432	5,880	5,405	5,074	4,492
이익잉여금	5,925	5,384	4,912	4,567	3,986
부채비율	23%	20%	21%	28%	31%
손익계산서					
매출액	11,639	10,764	11,752	13,305	12,805
영업이익	1,007	788	534	882	768
영업이익률	8.7%	7.3%	4.5%	6.6%	6.0%
당기순이익	728	598	439	705	599
당기순이익률	6.3%	5.6%	3.7%	5.3%	4.7%
현금흐름표					
영업활동현금흐름	498	757	516	516	1,163
투자활동현금흐름	(465)	(1,049)	617	(708)	(832)
재무활동현금흐름	(177)	(150)	(105)	(88)	(154)
기말의 현금및현금성자산	966	1,110	1,552	523	802

아는 지인이 이직을 고민하는데, 단 한 가지 마음에 걸리는 게 근무지가 지방이라고 합니다. 포항시에 위치한 포스코켐텍은 내화물 시공 및 보수, 각종 공업

로의 설계, 제작 및 판매, 석회제품 등의 제조 및 판매 등을 목적으로 1971년 설립됐습니다. 포스코의 계열사입니다. 2017년 별도 재무제표 기준 자산총계는 7,914억 원, 이익잉여금은 5,925억 원, 손익부분 매출액은 1조 1,639억 원, 영업이익은 1,007억 원, 당기순이익은 728억 원입니다. 지난 5년 내내 흑자입니다.

내화물은 각종 기간산업의 공업용로에 사용하는 재료로써 고온에서도 용융되지 않는 비금속재료의 총칭이며 특히 철강산업과 시멘트 및 요업 등의 산업에 있어서 중요한 공업용 소재라고 합니다. 최근에는 2차전지 음극제 사업을 중장기 성장동력으로 강화하고 있습니다. 직접 소비자를 상대하지 않고, 기업과 거래를 하는 전형적인 BtoB(business to business) 기업입니다. 사업보고서를 찾아보니, 총 임직원수 1,171명, 평균임금 7천 300만 원, 평균근속년수 15.8년(2017.12 기준)입니다. 든든한 거래처도 있고, 오래 다닐 수 있는 직장. 지방이라고 하지만 이런 데가 오히려 좋은 일터가 아닐까요? 지인요? 포스코켐텍의 재무제표를 보고 옮겼습니다.

동전주 상한가 솔고바이오

(단위: 억 원)

	2017	2016	2015	2014
재무상태표				
자산총계	647	491	535	563
매출채권	49	42	44	74
재고자산	153	154	157	145
유형자산	166	143	141	145
투자부동산	137	97	101	106
부채총계	177	166	161	269
단기차입금	94	116	113	188
장기차입금	35	5	–	1
자본총계	470	325	373	293
이익잉여금	(198)	(401)	(321)	(251)
부채비율	38%	51%	43%	92%
손익계산서				
매출액	232	237	224	301
매출원가	174	173	164	189
매출총이익	57	63	59	112
판매비와관리비	118	141	130	120
매출원가율	75.0%	73.0%	73.2%	62.8%
매출액 대비 판매관리비	50.9%	59.5%	58.0%	39.9%
영업이익	(61)	(78)	(70)	(9)
당기순이익	(85)	(80)	(69)	(25)
현금흐름표				
영업활동현금흐름	(83)	(62)	(41)	22
투자활동현금흐름	(127)	(7)	(13)	(2)
재무활동현금흐름	232	41	71	(31)
기말의 현금및현금성자산	43	21	48	32

겨우 161원 올라서 29.93% 상한가(2018.7.4)를 찍은 회사가 있습니다. 무슨 일 때문에 상한가? 왠지 궁금증을 자아내는 솔고바이오. 재무제표에서 이유를 찾아 볼까요? 솔고바이오는 수소수생성기 미국 특허를 획득했다고 공시했습니다.(2018.7.3) 다음 날 바로 주가는 급등했고, 당일 주식 거래대금만 215억 원입니다. 그 시점에서 3개월 전후 회사의 주가는 531원이었습니다. 이 외에도 사업 다각화를 통한 중장기 성장동력 확보를 위한 투자 바이오넷 주식 16.6%를 매입, 유상증자 발행가액 확정 등 나름 활발한 경영활동에 관한 중요한 공시가 DART에 올라와 있습니다.

2017년 기준 솔고바이오의 자산총계 647억 원으로 시가총액과 비슷합니다. 부채비율은 매우 양호(38%)하나, 이익잉여금은 −198억 원입니다. 손익을 보니 최근 4년 내리 적자이며, 당기순이익도 좋지 않습니다. 물론 미국특허 획득이 쉬운 일은 아닙니다. 하지만 당장 매출이 일어나거나 또는 매출을 약속해 주지는 않습니다. 매출액이 232억 원인데 판매비와관리비가 118억 원입니다. 실적과 경영성과가 개선되기 위해서는 시간이 필요합니다. 신규 사업에 대한 기대감이 주가를 흔들었지만 투자를 한다면 재무제표를 객관적인 판단 정보로 활용해야 합니다. 솔고바이오가 좋아질 수 있습니다. 다만 공시 하나와 인터넷 글 몇 개만 보고 선택하지는 말아야 합니다.

【읽는회계 Tip】

자본항목 중 이익잉여금이 마이너스일 경우 이를 결손금이라고 합니다. 당기순이익이 적자이고, 누적되면, 결손금이 쌓이죠. 내 돈인 자본보다 결손금이 더 많아지면 자본잠식이라고 합니다.

사모펀드가 살려낸 퍼시픽바이오

(단위: 억 원)

	2017	2016	2015	2014
재무상태표				
자산총계	297	242	182	237
부채총계	157	127	47	474
자본총계	140	115	134	(236)
이익잉여금	(78)	(749)	(725)	(640)
손익계산서				
매출액	321	331	145	122
영업이익	(61)	3	(63)	(77)
당기순이익	(78)	(23)	(77)	(486)
현금흐름표				
영업활동현금흐름	(86)	(67)	(178)	(62)
투자활동현금흐름	2	(14)	30	6
재무활동현금흐름	136	75	153	56
기말의 현금및현금성자산	51	–	6	1

모든 회사가 성장하고, 이익을 낼 수는 없습니다. 부침이 있을 수 있고, 회사가 문을 닫기 일보직전까지도 갈 수 있습니다. 재무제표 숫자는 짧게는 3개월 전의 과거 기록입니다. 2014년 486억 원의 손실을 내고, 자본잠식에 빠졌던 엘에너지가 퍼시픽바이오로 살아남았습니다. 퍼시픽바이오(구, 엘에너지)는 1997년 설립되었으며, 중유 및 바이오중유 제조판매업 등을 사업분야로 두고 있습니다. 2017년 기준 자산총계 297억 원, 부채 157억 원, 부채비율 112%입니다. 재무상태 쪽은 크게 문제될 사항은 없어 보입니다. 다만 규모가 그리 크지 않습니다. 손익계산서를 보면, 아직은 정상궤도로 오르지는 못했습니다. 매출액 321억 원에 영업이익 –61억 원 적자 그리고 당기순손실 –78억 원을 기록했습니다. 퍼시픽바이오

의 대주주는 사모펀드입니다. 엘에너지를 170억 원에 샀을 때는 바이오중유 사업의 가능성에 투자를 했습니다. 지금은 신생에너지인 태양광, 풍력에너지 사업에 집중한다고 합니다. 회사가 다시 살아날 수 있었던 이유는 자본투자가 추가되었기 때문입니다. 이 또한 현금흐름표에 드러납니다. 재무제표 현금흐름표 각 세부항목을 봅시다. 투자활동현금흐름에서는 기계장치의 취득이 4년 동안 30억 원 정도, 재무활동현금흐름 중에서는 유상증자 419억 원이 있었습니다. 이는 단기차입금 상환에 사용되었습니다. 퍼시픽바이오는 유동성의 위기로 상장폐지까지 간 중소기업을 사모펀드가 살렸다는 평가를 받습니다. 이익잉여금의 결손도 줄어 들고, 재무적으로 안정화를 찾고 있습니다. 이제 매출과 이익의 실적이 늘길 기대해 봅니다.

신과 함께 살아날 덱스터

(단위: 억 원)

	2017	2016	2015	2014	2013
재무상태표					
자산총계	895	856	801	182	132
부채총계	486	75	64	40	31
전환사채	242				
자본총계	408	781	736	142	101
이익잉여금	(223)	118	65	32	(8)
부채비율	119%	10%	9%	28%	31%
손익계산서					
매출액	253	317	260	186	135
영업이익	(218)	24	45	47	13
당기순이익	(341)	51	41	41	5
현금흐름표					
영업활동현금흐름	(138)	13	53	(29)	(17)
투자활동현금흐름	(99)	(358)	(146)	39	(78)
재무활동현금흐름	283	23	531	(2)	104
기말의 현금및현금성자산	152	104	455	18	9

  2017년 12월에 개봉한 영화 〈신과 함께〉가 1,000만 관객을 돌파를 하자 덱스터라는 회사가 주목받게 됩니다. 게다가 상장사입니다. 주식시장에 공개된 영화사가 있다니 신기합니다. 영화제작사의 재무제표를 한 번 볼까요?

  재무제표 주석 1번을 보다가 놀랐습니다. 어랏! 덱스터의 사장인 김용화 대표가 바로 〈신과 함께〉 감독입니다. 2016년 기준 자산총계 856억 원, 부채비율 10%. 주식발행 초과금이 536억 원으로 자본 여력이 아주 좋습니다. 매출액 317억 원, 영업이익 24억 원, 당기순이익 51억 원. 나쁘지 않았습니다. 2013~2016

년 4년간 매년 흑자입니다. 그런데 2017년 재무제표 상으로는 -218억 원 영업이익 적자, 당기순이익 -341억 원의 적자입니다. 부채도 75억 원 → 486억 원으로, 결손금 -223억 원까지 1년만에 확 변했습니다. 〈신과 함께〉 대박이라더니 이게 웬일입니까? 이는 아직 영화 〈신과 함께〉로 벌어들인 이익이 재무제표에 반영되지 않았기 때문입니다. 게다가 2018년에 개봉된 2편도 2017년에 사전 제작되었기 때문에 모든 비용이 2017년 재무제표에 올라갔습니다. 기간손익을 지켜야 한다는 회계처리의 원칙 탓입니다. 정리하면 2017년 12월 20일 1편이 개봉된 〈신과 함께〉 수익은 2018년 재무제표에 반영됩니다. 영화가 대박이 났지만, 어쩔 수 없이 회사는 대박 적자! 물론 최종적으로 결산을 꼼꼼히 해야 합니다만, 2018년 재무제표 숫자는 점차 나아질 것입니다.

작아도 알찬 금융사 JB금융지주

(단위: 억 원)

	2017	2016	2015	2014	2013
재무상태표					
자산총계	475,936	457,989	398,111	355,074	161,861
부채총계	445,072	428,351	371,324	332,279	152,450
자본총계	30,863	29,638	26,787	22,794	9,410
손익계산서					
순이자손익	11,624	10,190	9,770	6,005	2,408
순수수료손익	134	166	194	23	81
영업이익	3,479	2,527	1,964	815	524
당기순이익	2,644	2,018	1,509	5,575	346

만약 내가 전남대 정치학과 4학년 취준생이고, JB금융지주의 채용공고를 보았다면 어떤 생각이 들까요. JB금융지주? 금융사인가? 잘 모르는 회사에 입사 지원할 때 재무제표가 유용하게 쓰일 수 있습니다. 취준생을 위한 재무제표 읽기로 입사지원을 결정할 수 있습니다.

2017년 기준 회사의 크기를 나타내는 자산총계는 47조 5,936억 원입니다. 물론 금융사다 보니 일반 제조업 기업과는 숫자가 차이가 많이 납니다. 비슷한 금융사와 비교해 봅니다. 대구은행 자산이 45조입니다. JB금융지주의 계열사로는 전북은행, 광주은행 등이 있습니다. 손익계산서를 보니 2017년 영업이익이 3,479억 원입니다. 최근 4년 영업이익과 당기순이익 추이로 봐서는 나아지고 있습니다. 특히 2017년 많이 좋아졌습니다. 사업보고서를 보니, JB금융지주는 지주사라서 68명 근무에 연간급여 평균이 6천 900만 원입니다.(2017.12.31 기준) 혹시 계열사로 발령 날 수 있으니, 전북은행도 확인해 봅니다. 전북은행 평균근속 13.1년 연봉 7천 800만 원입니다. 재무제표 주석5번 영업부문를 검색해 보니, JB

금융지주의 사업은 은행, 캐피탈, 자산운용 3개로 나눠집니다. 은행부문이 전체 영업의 80% 이상을 점유하고 있습니다. 전국 단위 은행이 유명하지만, JB금융지주도 튼튼하고, 우량한 금융사임을 재무제표가 보여줍니다. 2013년 524억 원의 영업이익에서 불과 5년만에 6.6배 늘었습니다. 성장하는 회사에 함께 일할 수 있다면 좋은 기회가 될 것입니다.

이 숫자 실화냐? SK하이닉스

(단위: 억 원)

	2017	2016	2015	2014	2013	2012
재무상태표						
자산총계	443,128	313,990	287,421	253,489	198,962	182,034
매출채권	52,590	28,964	28,009	35,402	18,034	16,226
유형자산	213,229	160,712	138,535	108,625	92,430	89,444
부채총계	115,409	83,075	80,597	76,742	66,936	82,438
자본총계	327,718	230,915	206,824	176,746	132,026	99,596
이익잉여금	257,124	160,222	136,147	98,350	61,817	33,705
부채비율	35%	36%	39%	43%	51%	83%
손익계산서						
매출액	297,189	167,331	187,807	168,937	138,963	100,017
매출원가	129,805	108,474	110,020	95,021	89,473	89,477
매출원가율	43.7%	64.8%	58.6%	56.2%	64.4%	89.5%
영업이익	133,407	30,124	50,765	50,474	32,151	(6,163)
영업이익률	44.9%	18.0%	27.0%	29.9%	23.1%	−6.2%
당기순이익	101,107	26,550	40,190	37,717	27,969	(4,899)

2017년은 반도체의 해입니다. 그 중심에 SK하이닉스가 있습니다. 하지만, 얼마나? 어느 정도? 한 번 구체적으로 느껴보는 게 어떨까요? 반도체 슈퍼호황에 임직원들 성과급도 한시적으로 최대치를 지급했다고 합니다. SK하이닉스는 69년 된 회사로 SK그룹이 2012년 2월에 인수했습니다.

2012년 영업이익 적자 -6,163억 원을 냈고, 이후부터는 계속 흑자였습니다. 그럼 2016년에 비해 2017년은 어떠했는지 재무제표 숫자로 비교해 보겠습니다. 매출액이 16조 7,331억 원 → 29조 7,189억 원으로 13조 정도가 늘었습니다. 거의 한 해치가 늘었습니다. 이 물량을 해소하기 위해서 유형자산도 16조 원 → 21

조 원으로 늘었습니다. 매출채권이 역시 증가했습니다. SK하이닉스는 안정적인 부채비율 35% 유지하면서 고공행진을 했습니다. 미리 예측해서 공장 규모를 확장했나 봅니다. 가장 좋은 점은 매출원가율이 89%(2012년)→43.7%(2017년)까지 떨어진 점입니다. 반도체 가격 요인이 가장 크겠지만, 원가가 낮아지니 고스란히 이익으로 남았습니다. 3조 원 하던 영업이익이 13조 3,407억 원이 되었습니다. 지난 3~4년치 영업이익을 2017년 한 해 벌어들인 셈입니다. 대단합니다.

【읽는회계 Tip】
1년간의 손익을 나타내는 손익계산서 매출액의 큰 변화는 재무상태표 숫자에도 영향을 줍니다.

무형자산이 부자 카카오

(단위: 억 원)

	2017	2016	2015	2014	2013
재무상태표					
자산총계	63,494	54,841	31,884	27,680	2,172
무형자산	36,895	37,331	18,556	16,889	13
유형자산	2,710	2,538	2,190	1,968	203
부채총계	18,416	17,811	6,030	3,047	399
장기차입금	6,208	7,959	1,996	2	
자본총계	45,078	37,029	25,854	24,632	1,772
이익잉여금	4,025	3,039	2,563	1,906	405
부채비율	41%	48%	23%	12%	23%
손익계산서					
영업수익	19,723	14,642	9,321	4,988	2,107
영업비용	18,069	13,480	8,435	3,224	1,449
영업이익	1,653	1,161	886	1,764	658
영업이익률	8.4%	7.9%	9.5%	35.4%	31.2%
당기순이익	1,250	654	787	1,498	614
현금흐름표					
영업활동현금흐름	3,719	3,172	1,622	2,203	705
투자활동현금흐름	(3,546)	(10,000)	(4,142)	1,725	(582)
재무활동현금흐름	4,676	9,237	1,972	353	11
기말의 현금및현금성자산	11,167	6,416	3,971	4,512	234

　카카오톡 서비스를 제공하는 카카오는 ㈜다음글로벌홀딩스 등 62개의 종속기업을 거느린 큰 회사입니다. 2014년에 다음과 합병한 뒤 큰 폭으로 성장했습니다. 재무제표에도 이런 사실이 들어 납니다. 2017년 기준 카카오의 자산총계는 6조 3,94억 원이며, 부채 1조 8,416억 원, 자본 4조 5,078억 원입니다. 다음과 합

치기 전 카카오의 자산이 2,172억 원이었으니, 엄청나게 규모가 늘어났습니다.

무슨 자산이 가장 늘었을까요? 무형자산이 3.6조 정도로 비중이 높습니다. 대부분 영업권입니다. 카카오 종속회사 62개사.(2014년 26개)는 대부분 사들인 회사입니다. 회사를 살 때마다 영업권이 발생했습니다. 부채비율은 41%로 양호하지만, 자본잉여금은 3.6조 원입니다. 다음과 카카오 합병 이전과 비교해 영업수익(매출액)이 9.3배로 늘긴 했지만, 영업이익율은 1/4로 줄어 들었습니다. 영업이익은 1,653억 원, 당기순이익은 1,250억 원으로 지속적인 흑자이지만, 더 욕심을 낸다면 예전의 높은 이익율로 회복되면 좋겠습니다.

현금 들고 투자기회 엿보는 AK홀딩스

(단위: 억 원)

	2017	2016	2015	2014	2013
재무상태표					
자산총계	29,447	27,419	24,955	27,731	23,749
유동자산	12,184	11,798	9,691	8,606	7,020
부채총계	17,927	17,305	15,939	19,461	17,399
유동부채	13,075	13,147	12,328	12,733	13,517
유동비율	99.3%	90%	79%	68%	52%
자본총계	11,520	10,114	9,015	8,270	6,350
손익계산서					
매출액	33,924	29,218	28,071	28,738	22,409
영업이익	2,656	2,137	1,063	1,475	1,089
영업이익률	7.8%	7.3%	3.8%	5.1%	4.9%
당기순이익	1,854	1,333	(374)	943	1,083
당기순이익률	5.5%	4.6%	−1.3%	3.3%	4.8%
현금흐름표					
영업활동현금흐름	2,809	3,183	1,412	2,197	1,824
투자활동현금흐름	(2,925)	(1,285)	1,434	(1,936)	190
재무활동현금흐름	(393)	(742)	(1,463)	27	(1,603)
기말의 현금및현금성자산	3,303	3,883	2,740	1,349	1,048

지주사 재무제표로는 무엇을 읽어 낼 수 있을까요? AK홀딩스는 애경그룹의 지주사입니다. 보통 지주사에는 홀딩스라는 호칭이 붙습니다. 지주사 연결 재무제표는 종속회사 재무현황을 포함합니다. 전체 그림은 볼 수 있으나, 개별 회사가 처한 디테일을 보여주지 못하는 단점이 있습니다.

애경그룹이 2018년을 퀀텀 점프의 해로 삼아 4,600억 원을 투자한다고 발표했습니다. 그 방향이 유지될 수 있을지, 알아보겠습니다. 우선 현금흐름표를 먼저 보겠습니다. 투자여력은 현금 보유량이 받쳐줘야 합니다. 2017년 기준 AK홀딩스 기말의 현금이 3,303억 원이 있습니다. AK홀딩스를 한 개의 덩어리 회사라고 보면, 2013년 이후 자산 규모는 그리 크게 늘지 않았습니다. 5,000억 원 정도 자본이 늘었습니다. 안정적인 성장입니다. 유동비율이 그 사이 많이 좋아졌습니다. 유동비율의 증가(52%→99.3%)는 그룹 전체 사업들이 좋은 쪽으로 체질 개선이 되었다는 반증입니다. 손익 측면에서 매출액 역시 큰 변동이 없습니다. 전체적으로 영업이익이 증가하고, 당기순이익은 2015년을 빼고 고른 편입니다. 재무제표 주석7번 영업부문 정보를 통해 애경그룹의 주력 사업부분은 4개입니다. 세제나 샴푸 관련 계면활성제, 화학(페인트 등) 관련 무수프탈산 및 유도품, 항공운송(제주항공), 백화점입니다. 어느 부문에 투자할지 모르겠으나, 실탄(Cash)은 있어 보입니다.

국내 1위 기업이라며… **삼성전자**

(단위: 억 원)

	2017	2016	2015	2014	2013
재무상태표					
자산총계	3,017,520	2,621,743	2,421,795	2,304,229	2,140,750
유동자산	1,469,824	1,414,297	1,248,147	1,151,460	1,107,602
매출채권	276,959	242,792	251,680	246,946	249,885
유형자산	1,116,656	914,730	864,771	808,729	754,963
부채총계	872,606	692,112	631,197	623,347	640,590
유동부채	671,751	547,040	505,029	520,139	513,154
단기차입금	157,676	127,467	111,554	80,292	64,385
유동비율	218.8%	259%	247%	221%	216%
자본총계	2,144,914	1,929,630	1,790,598	1,680,881	1,500,160
이익잉여금	2,158,112	1,930,863	1,851,320	1,695,296	1,486,002
부채비율	41%	36%	35%	37%	43%
손익계산서					
매출액	2,395,753	2,018,667	2,006,534	2,062,059	2,286,926
매출원가	1,292,906	1,202,777	1,234,821	1,282,788	1,376,963
매출총이익	1,102,847	815,890	771,713	779,271	909,963
판매비와관리비	566,396	523,483	507,579	529,021	542,113
매출원가율	54.0%	59.6%	61.5%	62.2%	60.2%
매출총이익률	46.0%	40.4%	38.5%	37.8%	39.8%
영업이익	536,450	292,407	264,134	250,250	367,850
영업이익률	22.4%	14.5%	13.2%	12.1%	16.1%
당기순이익	421,867	227,260	190,601	233,943	304,747
당기순이익률	17.6%	11.3%	9.5%	11.3%	13.3%
현금흐름표					
영업활동현금흐름	621,620	473,856	400,617	369,753	467,074
투자활동현금흐름	(493,852)	(296,586)	(271,677)	(328,064)	(447,470)
재무활동현금흐름	(125,608)	(86,695)	(65,735)	(30,571)	(41,370)
기말의 현금및현금성자산	305,451	321,114	226,367	168,407	162,847

너무 큰 회사의 재무제표는 숫자도 커서, 감을 잡기 힘듭니다. 자산총계가 301조 원이라니, 머리 속으로 규모가 잘 그려지지 않습니다. 국내 1위 기업으로 불리는 삼성전자. 한 번은 읽어볼까요?

삼성전자 재무제표라도 별반 다를 건 없습니다. 2017년 기준 자산총계는 301조 7,520억 원. 부채는 87조 2,606억 원, 자본은 214조 4,914억 원. 부채비율은 41%. 자본항목 중 이익잉여금은 215조 원입니다. 단순 평균으로 보자면 1969년 설립된 기업인데 매년 4.3조씩 스스로 벌어서 회사를 키웠다는 이야기입니다. 매출액 239조 5,753억 원. 영업이익 53조 6,450억 원. 뭐 흠잡을 데 없는 손익입니다. 2017년 SK하이닉스와 마찬가지로 반도체 덕분에 실적이 무척 좋습니다. 삼성전자의 공시자료를 보면 '메모리, 디스플레이 등 부품사업 호조에 따른 실적이 확대'를 주요 원인으로 밝혔습니다. 재무제표 상으로는 원가절감 효과가 높았던 것으로 보입니다. 매출원가율이 59.6%→54% 감소, 판매관리비도 2.3% 하락, 그에 비하면 매출액은 18% 정도 상승했습니다.

배용준의 회사 팔리다 키이스트

(단위: 억 원)

	2017	2016	2015	2014	2013
재무상태표					
자산총계	1,063	1,106	961	843	520
매출채권	178	273	220	168	129
영업권	91	91	130	128	–
영업권외무형자산	199	222	155	140	18
부채총계	278	288	245	238	188
매입채무및기타유동채무	234	247	205	185	181
유동비율	246.8%	261%	262%	221%	196%
자본총계	785	818	715	604	332
이익잉여금	(11)	(1)	64	28	(27)
부채비율	35%	35%	34%	39%	57%
손익계산서					
매출액	1,061	932	1,061	888	694
영업이익	10	(3)	77	79	(56)
당기순이익	2	(68)	60	66	(66)
현금흐름표					
영업활동현금흐름	345	92	128	63	84
투자활동현금흐름	(214)	(175)	(145)	(209)	(27)
재무활동현금흐름	3	125	48	145	(10)
기말의 현금및현금성자산	336	230	178	139	148

2017년 3월 영화배우 배용준 씨가 자신이 보유한 키이스트 주식 전량을 SM엔터테인먼트에 매각했습니다. 배용준 씨는 키이스트의 최대주주였으며, 매각 대금으로 500억 원을 벌었습니다. 대단합니다. 그가 14년 동안 엔터테인먼트 회사를 경영했다는 것도 놀라웠습니다. 어떤 회사인지 궁금해졌습니다.

2017년 기준 자산총계는 1,063억 원, 부채는 278억 원, 자본은 785억 원으로 부채비율 35%입니다. 자산항목 중 영업권외무형자산은 199억 원으로 제일 많습니다. 소속 연예인의 전속계약금인줄 알았으나, 아니었습니다. 방영권과 컨텐츠사업권 각각 82억 원, 57억 원입니다. 자본항목 중 이익잉여금이 2017년 -11억 원 결손입니다. 손익을 보니 2013~2015년까지 성장했습니다. -56억 원 적자에서 77억 원까지 상승했습니다. 하지만 2016~2017년 그다지 실적이 좋지는 않습니다. 인수합병에 대한 내부 사정이야 다 알 순 없겠지만, 키이스트 소속 대표 연예인 김수현의 입대, 최근 경영판단을 봐서는 욘사마의 손을 들어 줘야 하지 않을까요?

배당 많이 해주는 건설사 **화성산업**

(단위: 억 원)

	2017	2016	2015	2014
재무상태표				
자산총계	5,759	5,040	4,734	5,242
미청구공사	318	180	170	452
재고자산	1,748	936	795	396
유형자산	540	559	546	447
부채총계	2,272	1,915	1,875	2,582
유동부채	1,164	1,136	1,094	1,688
유동성차입금	180			38
장기차입금	430	110	110	178
유동비율	317%	256%	234%	183%
자본총계	3,486	3,125	2,859	2,659
이익잉여금	2,349	1,980	1,716	1,524
손익계산서				
매출액	5,679	4,943	4,800	4,206
매출원가	4,833	4,299	4,335	3,846
매출총이익	846	643	465	359
판매비와관리비	256	204	218	207
영업이익	590	439	247	152
당기순이익	446	336	242	236
현금흐름표				
영업활동현금흐름	(675)	375	(275)	366
투자활동현금흐름	119	(156)	51	(32)
재무활동현금흐름	410	(65)	(157)	29
기말의 현금및현금성자산	721	866	712	1,094

"주식투자 안 하냐?"라고 묻던 친구가 "할 거면 배당 많이 주는 화성산업 투자

해라"고 하길래 재무제표를 들쳐본 회사입니다. 바로 배당 관련 주석을 찾아보니, 2017년에 890원 배당을 했습니다. 배당기준일 주가에 따라 다르겠지만, 액면배당률 17.8%입니다.

화성산업은 대구에 본사를 두고 있으며, 전국 주요 도시의 토목, 건축 등 도급공사와 아파트를 건설하는 건설사입니다. 2017년 기준 자산총계 5,759억 원, 부채 2,272억 원, 자본 3,486억 원으로 부채비율 65%입니다. 2018.5.4 기준 시가총액은 2,029억 원(주가 16,300원)입니다. 먼저 눈에 띄는 건 65%에 불과한 부채비율입니다. 지난해 차입금이 장기차입금 430억 원, 유동성차입금 180억 원이 늘었음에도 불구하고, 부채비율은 큰 영향이 없습니다. 미청구공사와 재고자산 항목이 상승했는데, 재고자산은 용지(860억 원) 늘어난 게 가장 큰 이유입니다. 손익계산서 상으로 매출액 5,679억 원으로 전년 대비 15% 상승, 매년 흑자인데 2016년을 기점으로 이익이 아주 좋습니다. 당기순이익이 236 → 242 → 336 → 446 증가추세입니다. 고배당을 계속하지 않을까요? 재무제표는 그렇게 말하네요.

빛 갚느라 힘들었던 회사 대한전선

(단위: 억 원)

	2017	2016	2015	2014	2013	2012	2011
재무상태표							
자산총계	12,374	12,737	11,948	12,850	14,915	22,485	27,121
부채총계	8,656	8,943	8,528	12,491	12,190	19,358	23,639
자본총계	3,717	3,793	3,420	358	2,725	3,126	3,482
이익잉여금	(219)	(78)	(4,865)	(4,296)	(7,037)	(4,478)	(2,134)
부채비율	233%	236%	249%	3489%	447%	619%	679%
손익계산서							
매출액	14,654	12,011	13,603	16,174	19,100	19,828	25,782
영업이익	472	437	369	267	(1,965)	51	393
영업이익률	3.2%	3.6%	2.7%	1.7%	−10.3%	0.3%	1.5%
당기순이익	(130)	100	(572)	(2,578)	(7,066)	(4,432)	(2,131)
현금흐름표							
영업활동현금흐름	317	(248)	(1,236)	(668)	388	(628)	1
투자활동현금흐름	(382)	1,188	(1,532)	(112)	(217)	494	(339)
재무활동현금흐름	(403)	53	2,871	769	(303)	240	32
기말의 현금및현금성자산	931	1,422	419	308	313	452	349

대한전선은 2015년 감사보고서에 '계속기업가정' 의심으로 강조사항이 달렸던 기업입니다. 그러던 2018년 남북협력 이슈와 함께 반짝 조명을 받았습니다. 내심 반가워서 그동안 어떻게 변했는지 재무제표를 살펴보았습니다. 대한전선은 좋은 기업인데 경영자의 판단 착오로 어려워진 경우입니다. 2017년 별도 기준 매출액 1조 4,654억 원, 영업이익 472억 원. 당기순이익 −130억 원입니다. 아직도 어려워 보입니다. 매출액이 조금 올랐고, 영업이익도 꾸준한 편입니다. 2013년 4,590억 원에 달하던 금융비용이 지금은 748억 원으로 줄어들었습니다. 2014

년 이후 영업이익이 꽤 나지만 빚 갚는데 다 써야 했습니다. 현금흐름표 재무활동현금흐름을 보아도, 769 → 2,871 → 53 순으로 활동을 보입니다. 자산총계가 3조 원이 넘던 회사입니다. 빚을 달고 경영이 어려워지니, 이렇게 어려운 시간을 보내고 있습니다. 현재도 1조 원이 넘는 규모지만, 주가는 1,200원을 오르내리고 있습니다. 그만큼 시장의 판단은 냉정합니다.

회사는 참 좋은데··· 남선알미늄

(단위: 억 원)

	2017	2016	2015	2014	2013	2012
재무상태표						
자산총계	2,846	2,834	2,861	2,403	2,375	2,367
유동자산	1,388	1,383	1,592	1,178	1,164	1,150
매출채권	815	812	804	792	853	838
재고자산	244	427	462	214	182	176
유형자산	621	641	650	673	671	684
관계기업투자	731	647	528	495	477	472
부채총계	1,368	1,608	1,830	1,528	1,667	1,753
유동부채	1,064	1,297	1,480	1,220	1,307	1,399
차입금	529	628	827	732	801	912
자본총계	1,478	1,225	1,030	874	708	613
이익잉여금	835	584	401	255	92	2
부채비율	93%	131%	178%	175%	235%	286%
손익계산서						
매출액	4,006	4,007	3,503	3,412	3,533	3,085
판매비와관리비	235	228	268	249	273	281
영업이익	207	242	171	139	136	(40)
당기순이익	217	203	148	176	96	(165)
현금흐름표						
영업활동현금흐름	302	413	(143)	136	157	(38)
투자활동현금흐름	(143)	(156)	(44)	(40)	(39)	(80)
재무활동현금흐름	(128)	(338)	259	(81)	(124)	90
기말의 현금및현금성자산	40	9	91	19	5	11

남선알미늄은 2년 전에 괜찮은 회사라고 생각했습니다. 이유가 뭐냐구요? 알미늄 창호사업 국내 1위인데, 경영악화로 워크아웃 10년을 거친후 2007년 SM그

룹에 인수됩니다. 사연은 복잡하지만, 재무제표 숫자로는 안정적인 수익을 창출하는 회사입니다.

그런데 최근(2018.7.23) 주가를 살펴보니 1,035원으로 무척 낮았습니다. 왜 그러지? 2016~2017년 2년 사이 남선알미늄의 변화를 재무제표에서 읽어 보았습니다. 재무상태표 상으로는 재고자산이 줄어든 것 외에는 모든 항목이 큰 변화가 없습니다. 오히려 부채비율은 131% → 93% 줄었습니다. 단기차입금이 957억 원 → 529억 원 감소 했기 때문입니다. 빚은 갚고 자본은 확충했으니 회사가 더 좋아진 것입니다. 게다가 2015년에 비해 매출액이 500억 원 정도 상승했습니다. 영업이익의 증가는 2016년 242억 원, 2017년 207억 원을 기록합니다. 현금흐름도 안정적인 패턴을 보입니다. 하지만 주가는 영 맥을 못 추고 있습니다. 안정적으로 돈을 잘 버는 회사이지만, 주가가 오르지 않는 이유는 역시 '매력'이 필요해서 아닐까요? 재무제표만 예뻐서는 약간 부족하다는 팁을 주는 회사입니다.

숫자 울렁증
32세 이승환 씨는 어떻게
재무제표
읽어주는 남자가
됐을까

초판 1쇄 발행 2018년 10월 15일
초판 6쇄 발행 2024년 1월 18일

지은이 이승환
펴낸이 유정연

이사 김귀분
책임편집 신성식 **기획편집** 조현주 유리슬아 서옥수 황서연 정유진 **디자인** 안수진 기경란
마케팅 반지영 박중혁 하유정 **제작** 임정호 **경영지원** 박소영

펴낸곳 흐름출판 **출판등록** 제313-2003-199호(2003년 5월 28일)
주소 서울시 마포구 월드컵북로5길 48-9(서교동)
전화 (02)325-4944 **팩스** (02)325-4945 **이메일** book@hbooks.co.kr
홈페이지 http://www.hbooks.co.kr **블로그** blog.naver.com/nextwave7
출력·인쇄·제본 (주)삼광프린팅 **용지** 월드페이퍼(주)

ISBN 978-89-6596-285-4 13320